忍耐的计算力  Ⅲ

权甲龙 著

岳亮 译

书海出版社

图书在版编目（CIP）数据

忍耐的计算力Ⅲ／（韩）权甲龙著；岳亮译．—太原：书海出版社，2012.5（2014.9 重印）
ISBN 978-7-80550-893-1

Ⅰ.①忍…　Ⅱ.①权…②岳…　Ⅲ.①死活棋(围棋)-基本知识　Ⅳ.① G 891.3

中国版本图书馆 CIP 数据核字（2012）第 033129 号

忍耐的计算力Ⅲ

著　　者：	（韩）权甲龙
译　　者：	岳　亮
策　　划：	姚　军
责任编辑：	梁晋华
助理编辑：	张　洁
装帧设计：	谢　成
出 版 者：	山西出版传媒集团·书海出版社
地　　址：	太原市建设南路21号
邮　　编：	030012
发行营销：	0351-4922220　4955996　4956039
	0351-4922127（传真）　4956038（邮购）
E-mail：	sxskcb@163.com　发行部
	sxskcb@126.com　总编室
网　　址：	www.sxskcb.com
经 销 者：	山西出版传媒集团·书海出版社
承 印 者：	山西出版传媒集团·山西新华印业有限公司
开　　本：	890mm×1240mm　1/32
印　　张：	7
字　　数：	250 千字
印　　数：	5 001-8 000 册
版　　次：	2012 年 5 月第 1 版
印　　次：	2014 年 9 月第 2 次印刷
书　　号：	ISBN 978-7-80550-893-1
定　　价：	15.00 元

如有印装质量问题请与本社联系调换

1. 竹影扫阶　/1

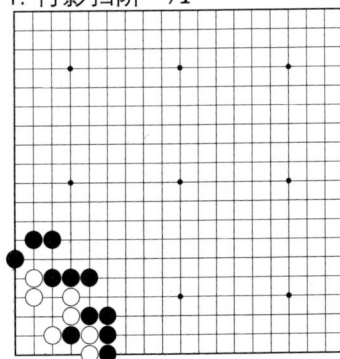

2. 静里乾坤　/7

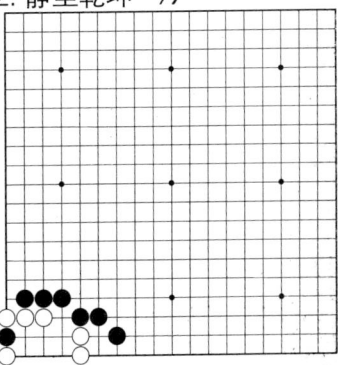

3. 安身立命　/11

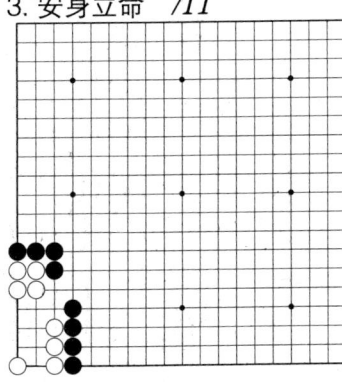

4. 心天同体　/17

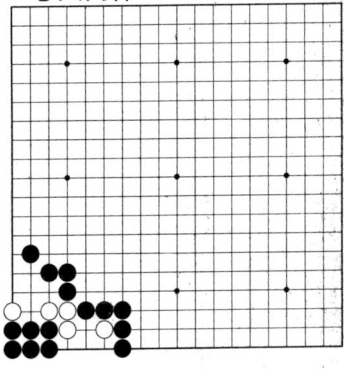

5. 执着与放下　/21

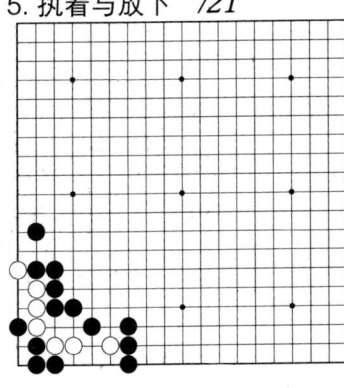

6. 何以自持　/25

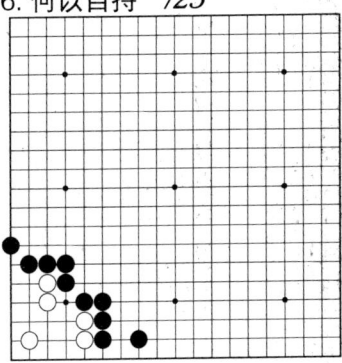

7. 退一步为高　/29

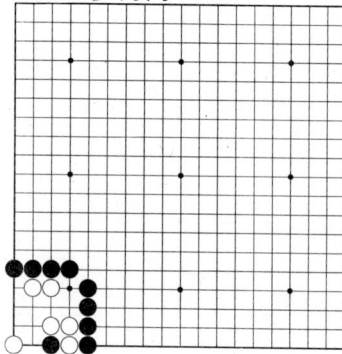

8. 清醒　/33

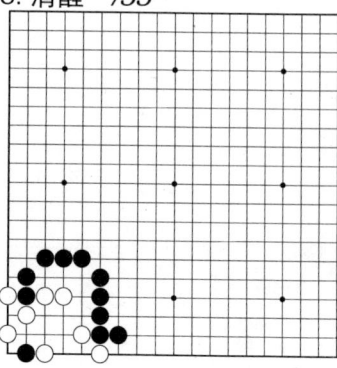

9. 乾坤自在　/37

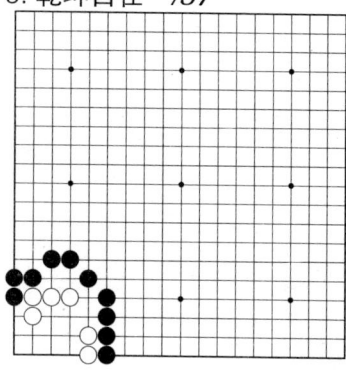

10. 遣此穷愁　/41

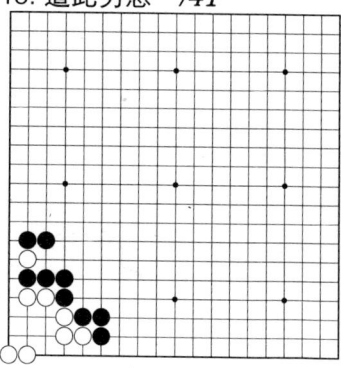

11. 世味人情　/45

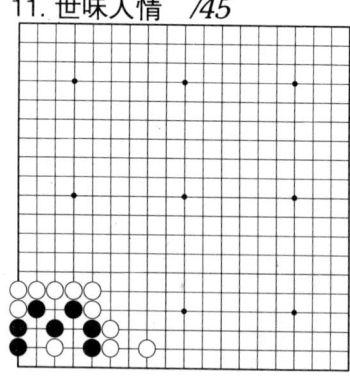

12. 高深修养　/49

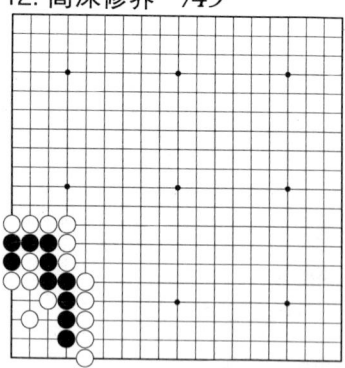

13. 居安思危 */53*

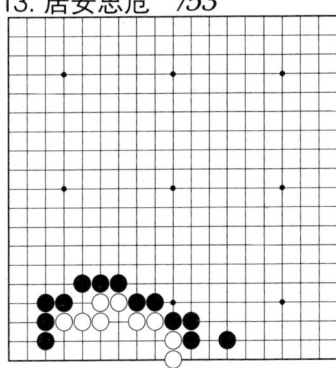

14. 磨砺心性 */57*

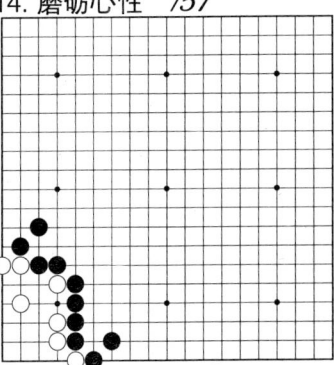

15. 滴水穿石 */61*

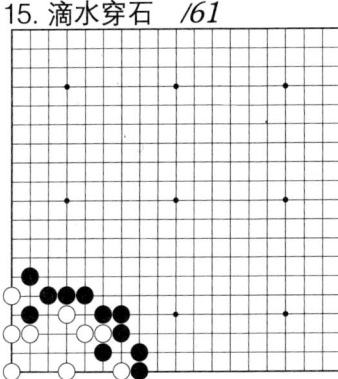

16. 勿盈满 */65*

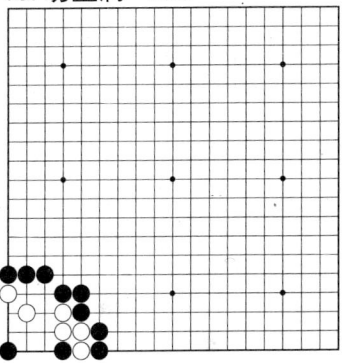

17. 无我之境 */69*

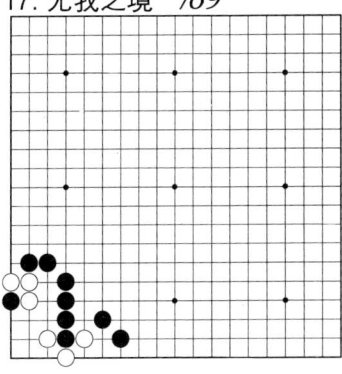

18. 质朴与疏狂 */73*

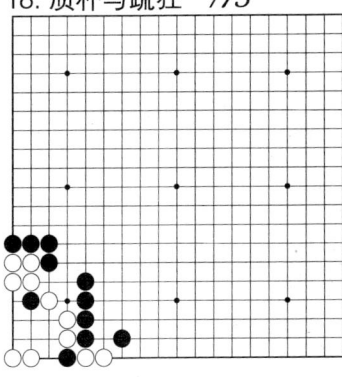

19. 念与忘 /77

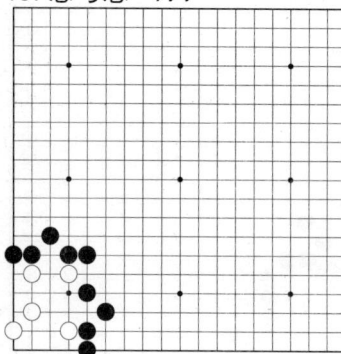

20. 图与悔 /81

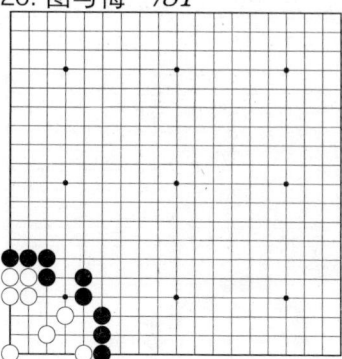

21. 心与才 /85

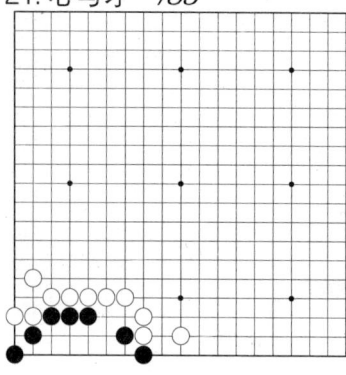

22. 利与德 /89

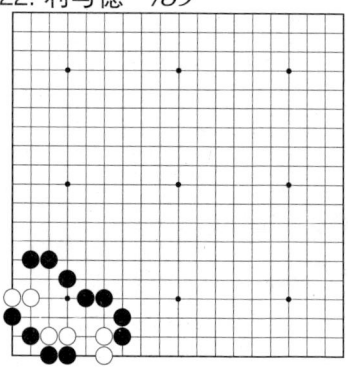

23. 清与乐 /93

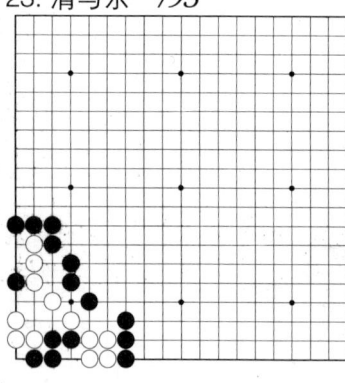

24. 福与知 /97

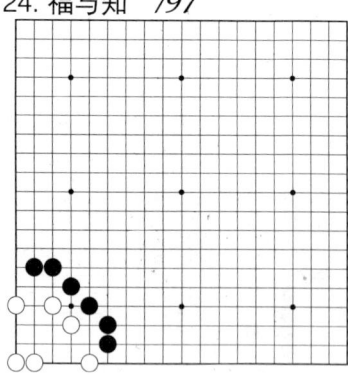

25. 物极则反 /103

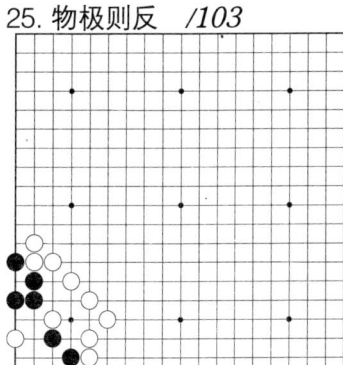

26. 德·量·识 /109

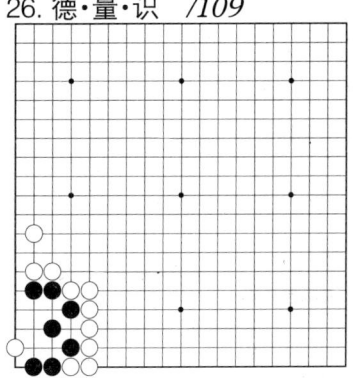

27. 慧眼 /113

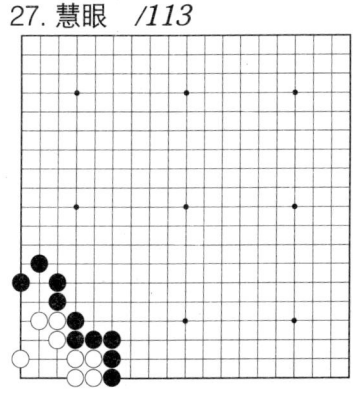

特色问题1 /119

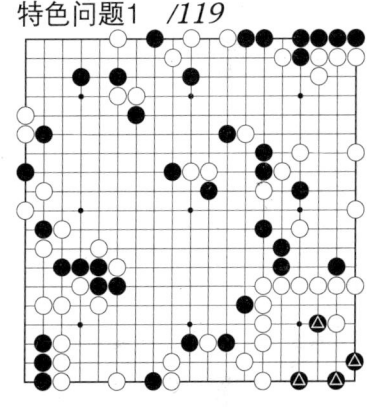

28. 撒手悬崖 /124

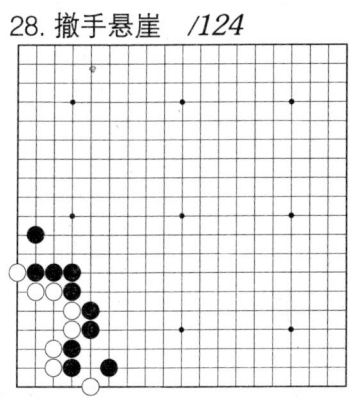

29. 毋自任 /128

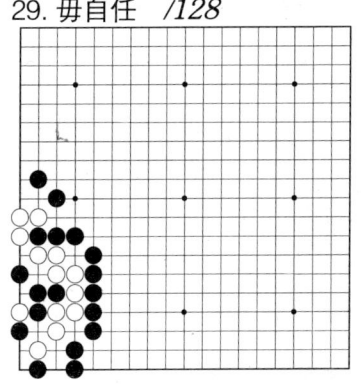

30. 直行 /134
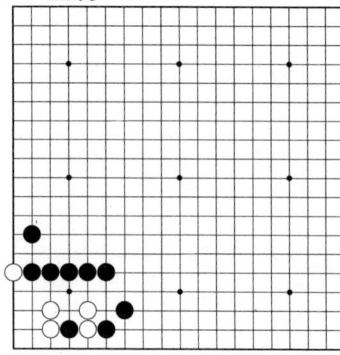

31. 共患难 /138
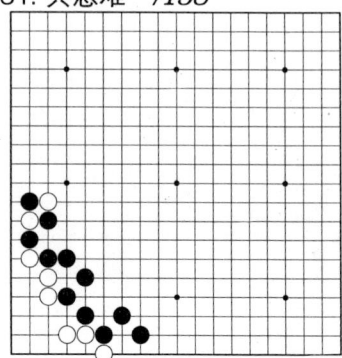

32. 澄与迷 /142
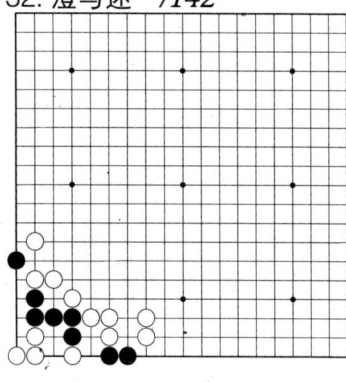

33. 闲与静 /146
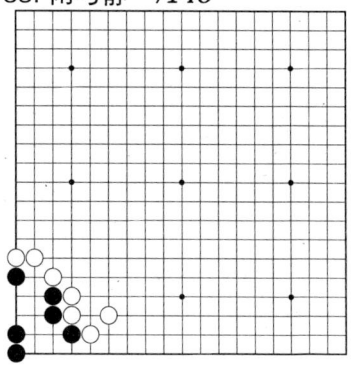

34. 顺其自然 /150
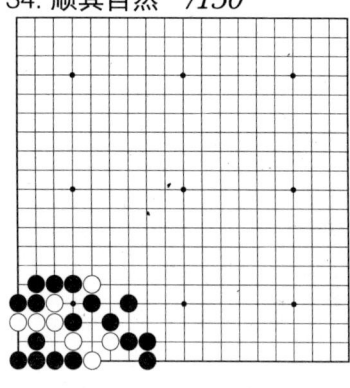

35. 回避中才 /154
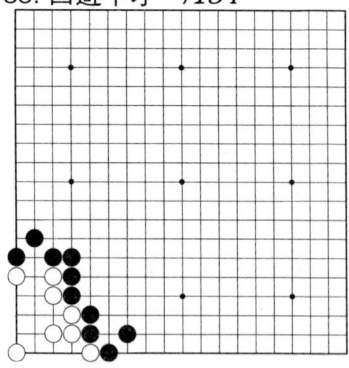

36. 忧与乐　/158

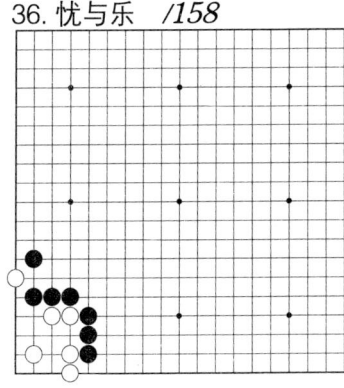

37. 美与丑　/162

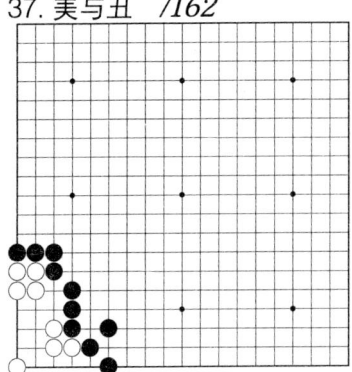

38. 耐之味　/168

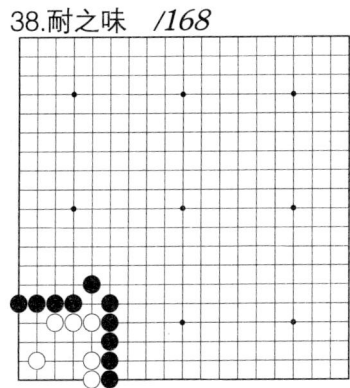

39. 心伏气平　/174

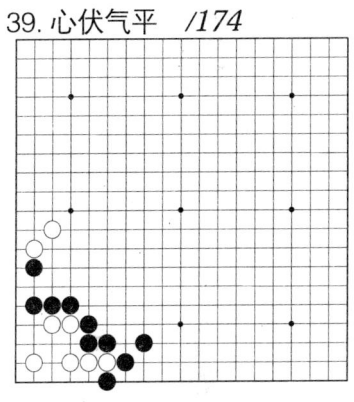

40. 天人合一　/178

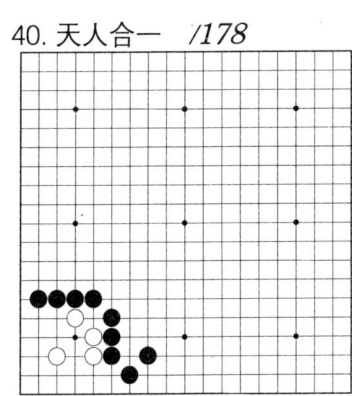

41. 趣与闲　/182

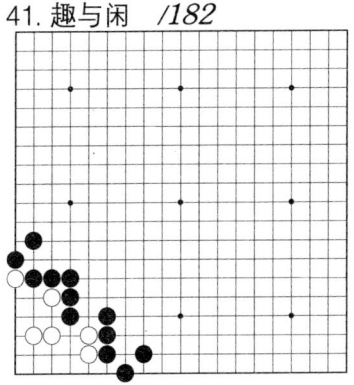

42. 事与能 /186

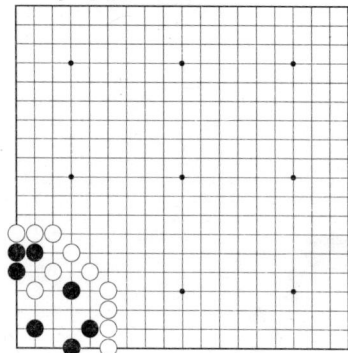

43. 雌雄之争 /192

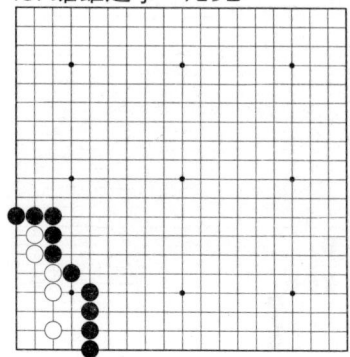

44. 美德 /196

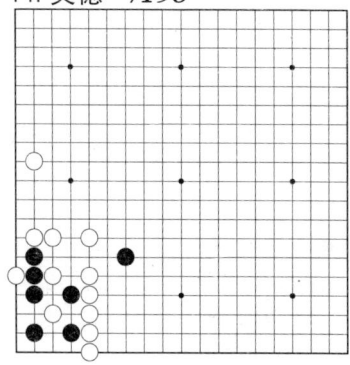

45. 再接再励 /202

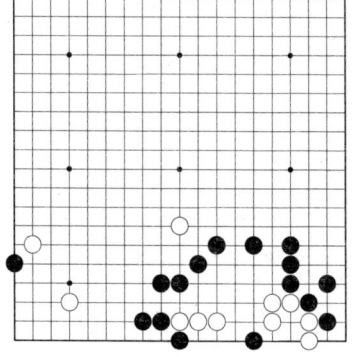

特色问题2 /208

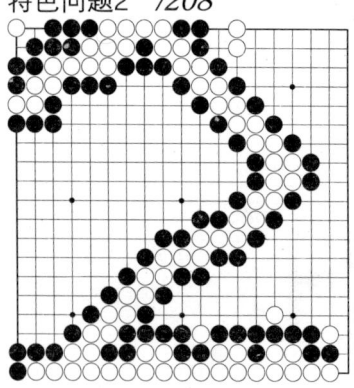

1. 竹影扫阶（黑先）

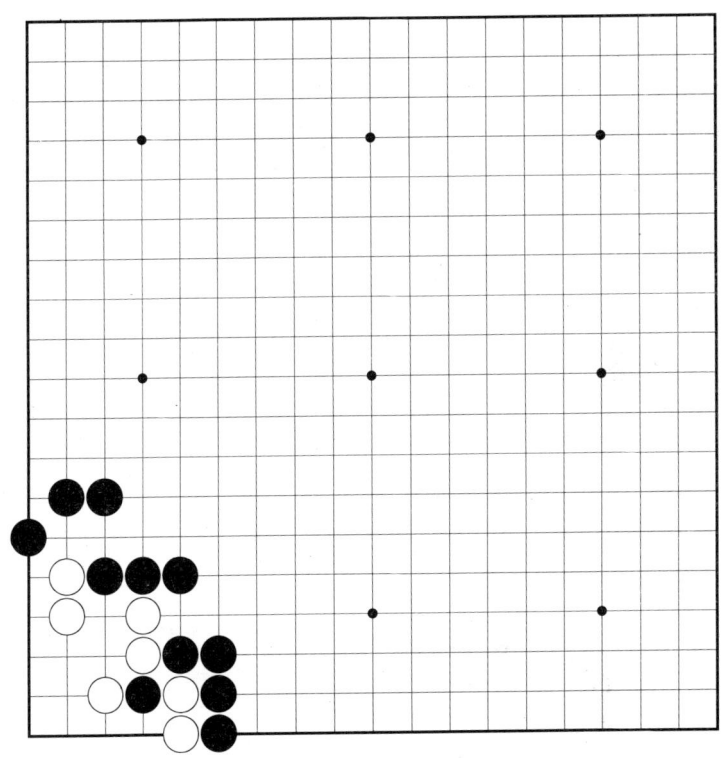

　　竹影扫阶，尘不动；月轮穿沼，水无痕。水流任急境常静，花落虽频意自闲。

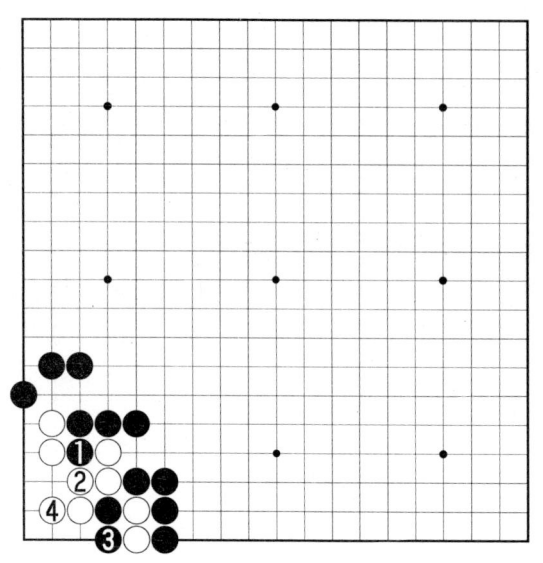

1图 白棋轻松活

黑1冲，3提，白4后白轻松成活。黑是"竹篮打水一场空"，白棋毫发未损。

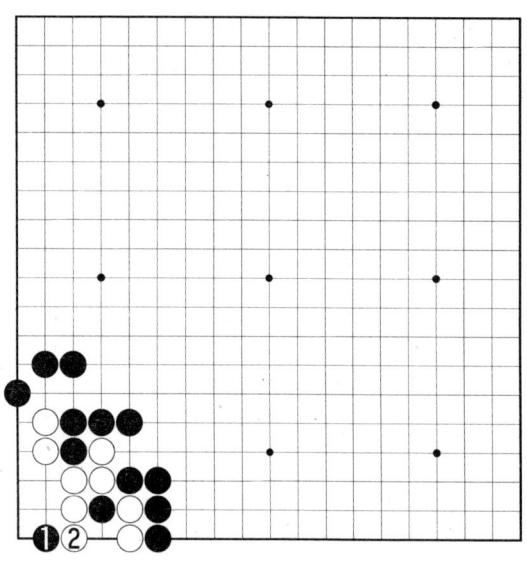

2图 黑还是失败

1图中黑3改为本图的黑1点，白2挡，黑仍无下一手。

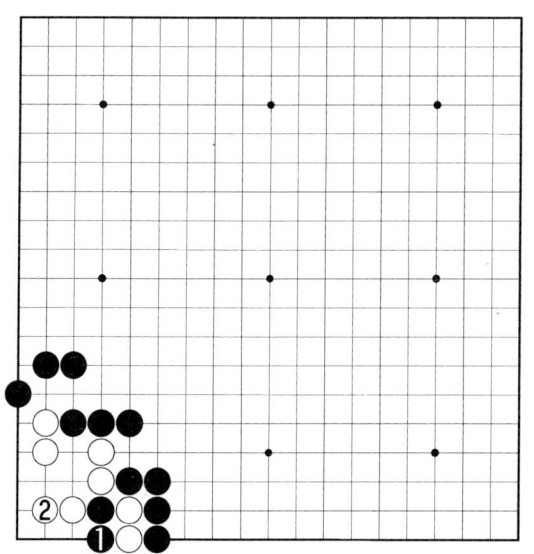

3图 失败

如果不计算的话,围棋是没有一点儿趣味的,黑1最简单地提掉两子,白棋2位应就简单活了。

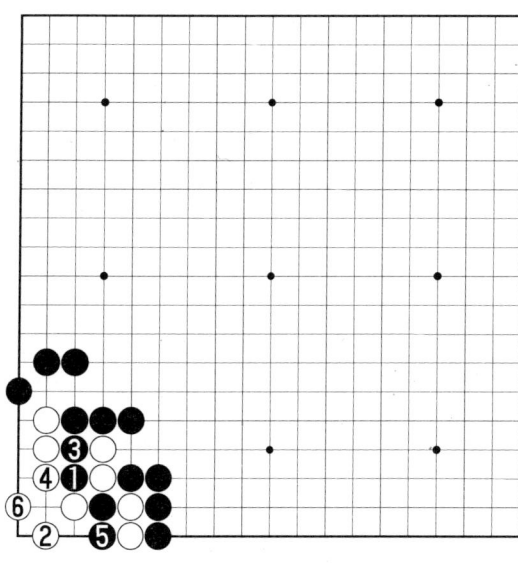

4图 一路的妙手

1似乎是要点,但白2是准备好的妙手,黑仍无法杀白,黑3接、5提,白6做眼后还是愉快地成活了。

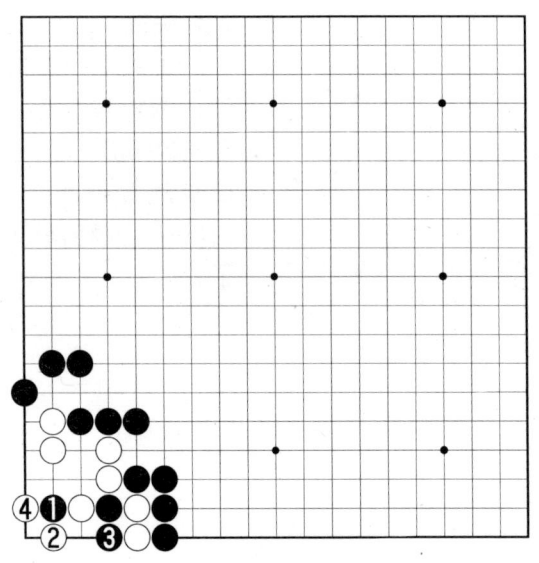

5图 精妙的角部死活

1夹，看上去也是手筋，但白2扳好手，黑3只有提，白4轻松做活。

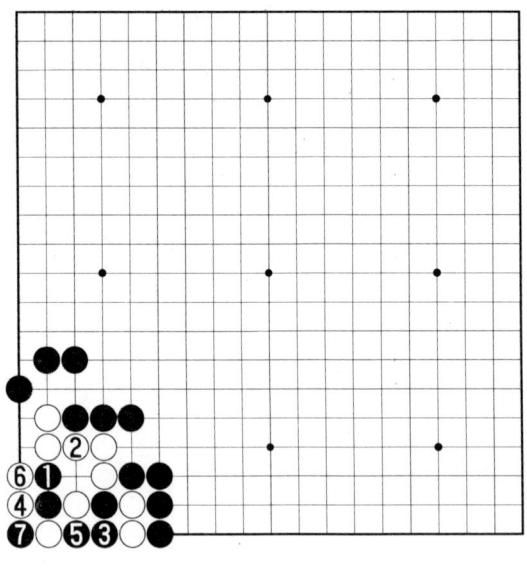

6图 打劫，黑仍失败

1先顶，再于3位提，至黑7形成打劫，仍是失败。

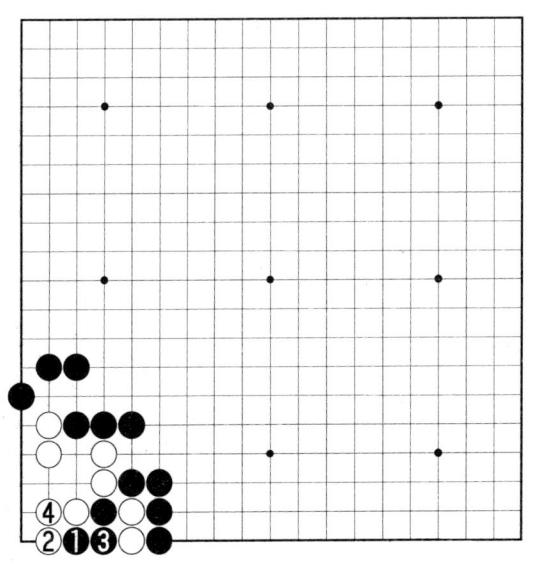

7图 白仍轻松做活

黑1扳、3提，白2、4简单应对，黑棋的算路太浅，白还是轻松做活了。

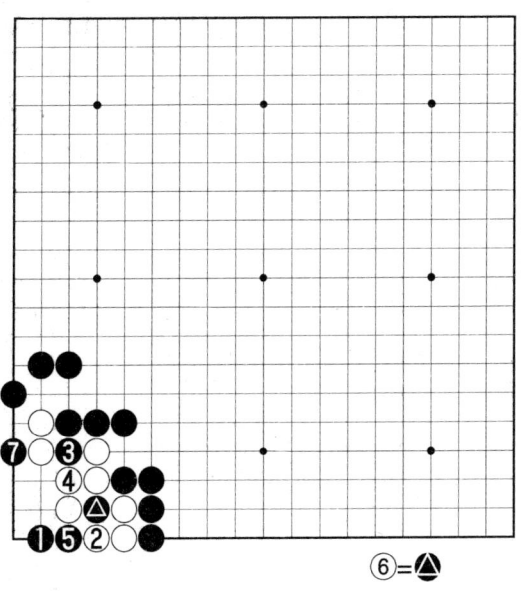

8图 正解

1点，绝妙。白2提时黑3冲是绝妙的手顺，至黑7，白净死。

⑥=▲

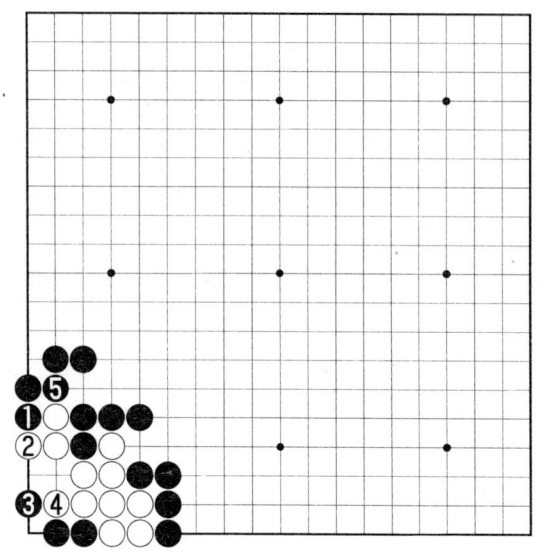

9图 从后面紧气

1从一线爬也是有力的着法,黑5从后面紧气是好棋,做成"盘角曲四",白无法成活。

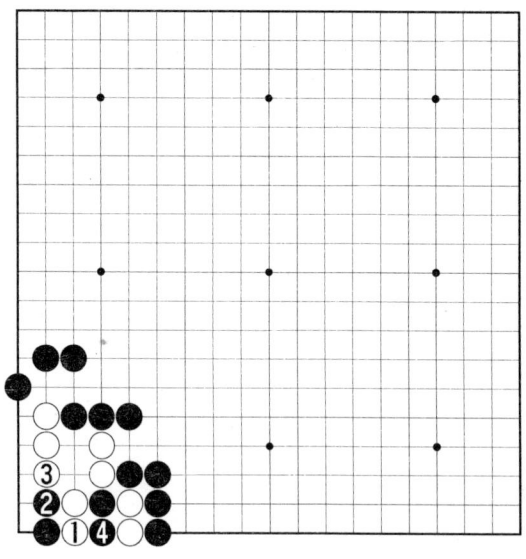

10图 白无用的挣扎

1切断黑棋的联络,黑2贴、4提,白还是净死。

2. 静里乾坤（黑先）

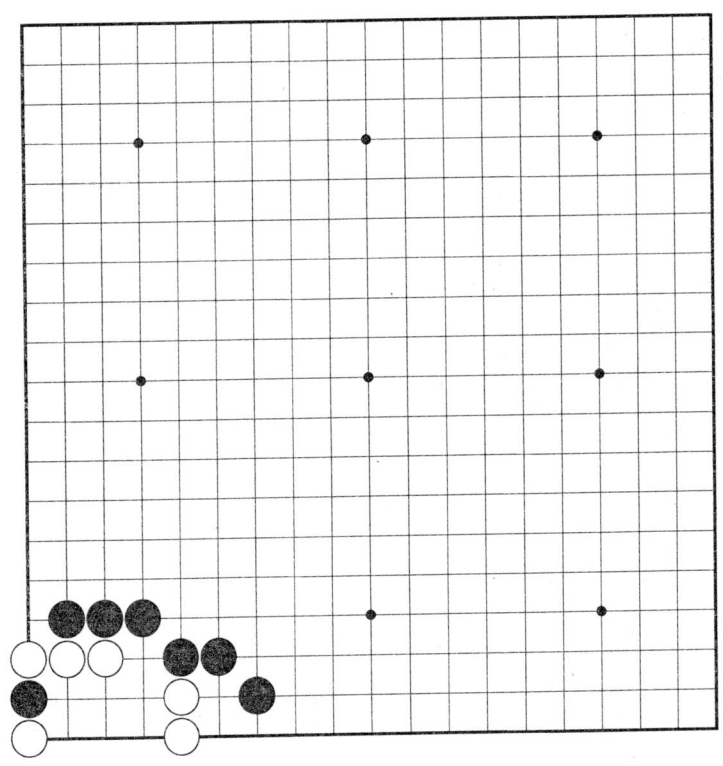

竹篱下，忽闻犬吠鸡鸣，恍似云中世界；芸窗中，雅听蝉吟鸦噪，方知静里乾坤。

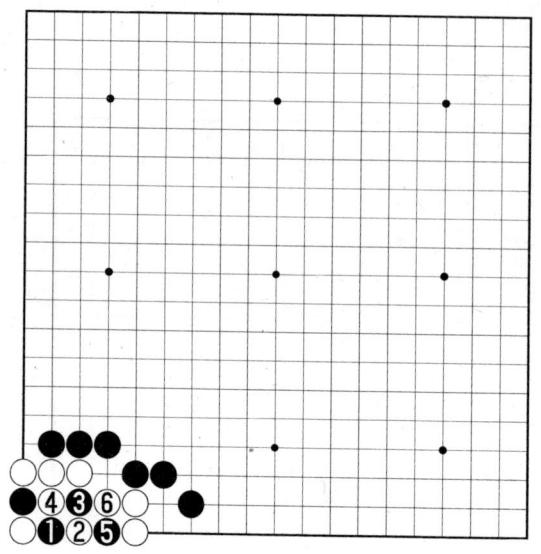

1图 准备好的靠

如果单纯地黑1提的话，白2靠应对，黑3打、5提，白4、6轻松做活了。

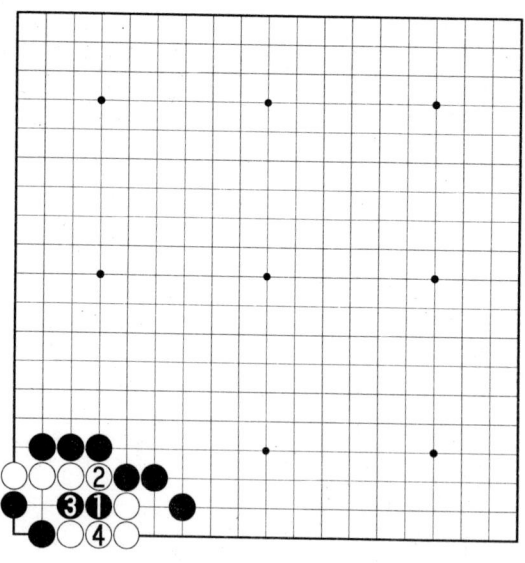

2图 失败

图1中的3不打吃，改在1位扳，白4冷静从后面打吃，白仍然做活了。

3图 束手无策

1点看上去是死活的要点，但遇上白2厚重的弯还是没有效果，黑3提掉一子，白4还是能轻松做活。

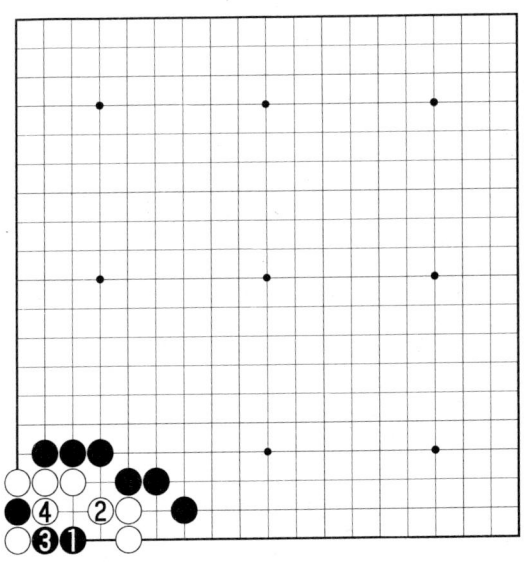

4图 正解

黑1扳是急所，白2断，黑3尖是好手，白4从下边打是最强应手，至白8形成劫争是正解。

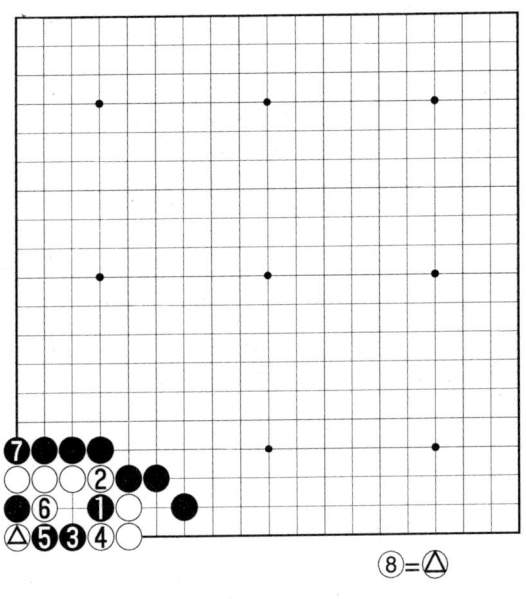

⑧=△

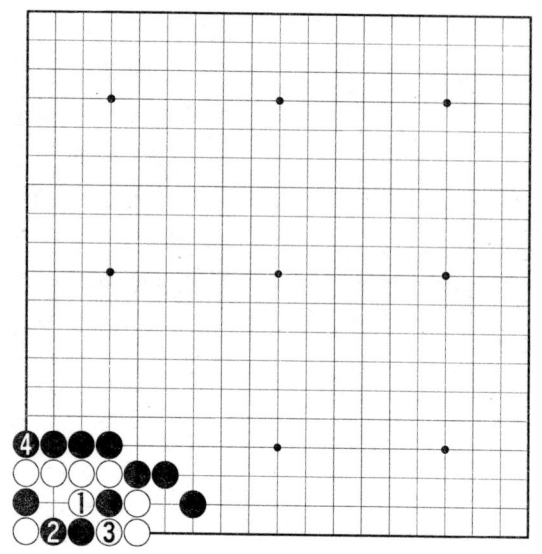

5图 有眼杀瞎

白1打吃则是应对错误，至黑4，形成"有眼杀瞎"，白净死。

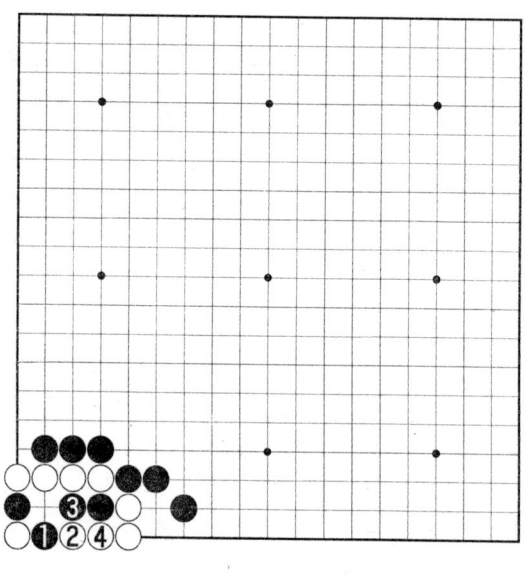

6图 黑的失误

黑1提，就露出破绽来了，白2靠，4从后面打吃，黑失败。

3. 安身立命（黑先）

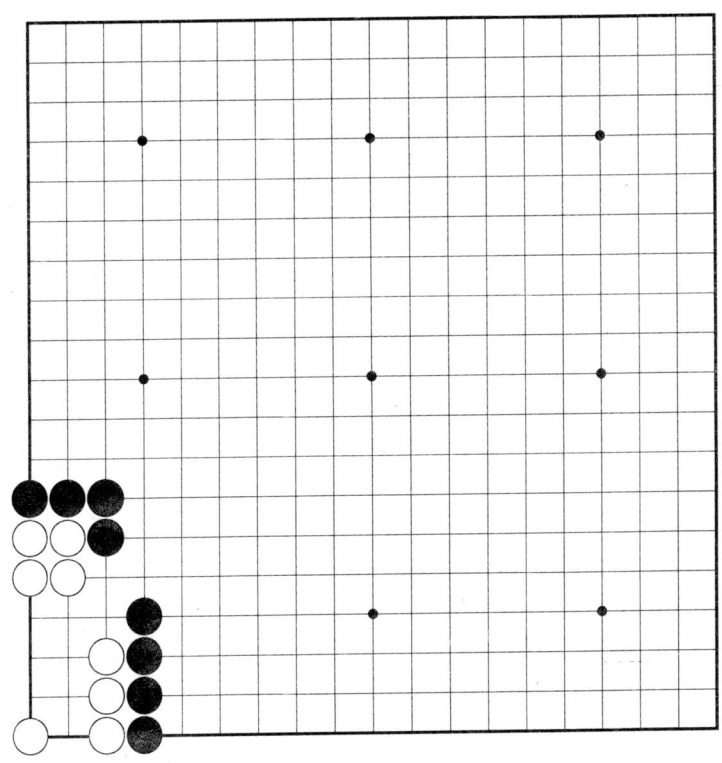

不昧己心，不尽人情，不竭物力；三者可以为天地立心，为生民立命，为子孙造福。

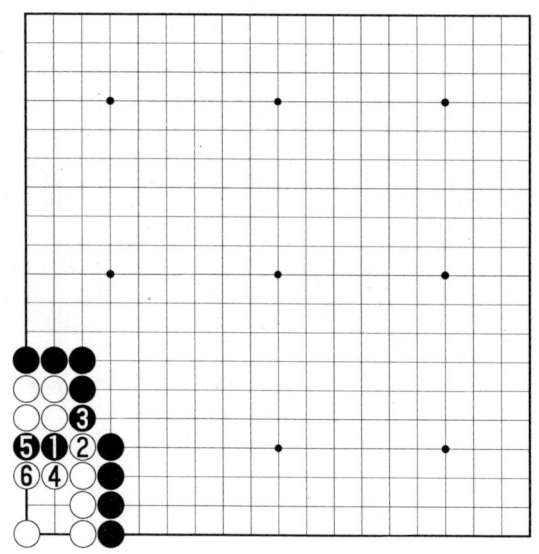

1图 诱饵

黑1想都不想就1位靠,吃掉白准备好了的"诱饵",接下来……

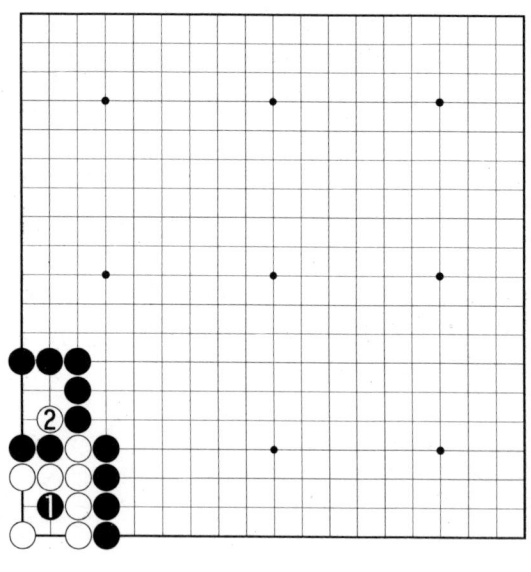

2图 倒脱靴

黑1点时,白2吃住黑2子,形成"倒脱靴",白棋成活。

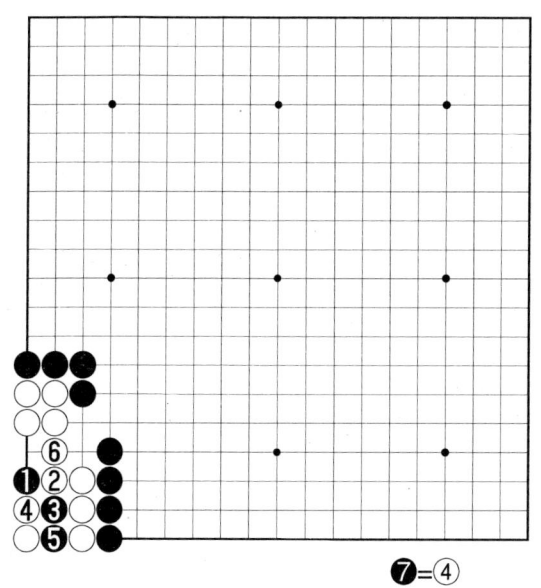

3图 埋伏

　　黑1点时，白2是准备已久的"埋伏"，黑3虽是好手，但白4扑，6粘住，黑7粘作战……

❼=④

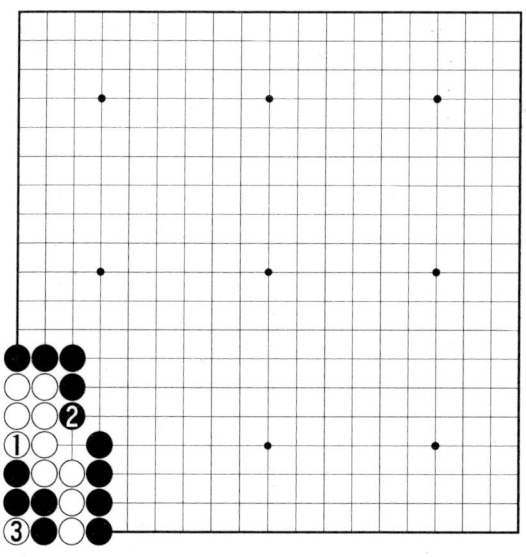

4图 接上图

　　继上图，白1打吃，3提，接下来……

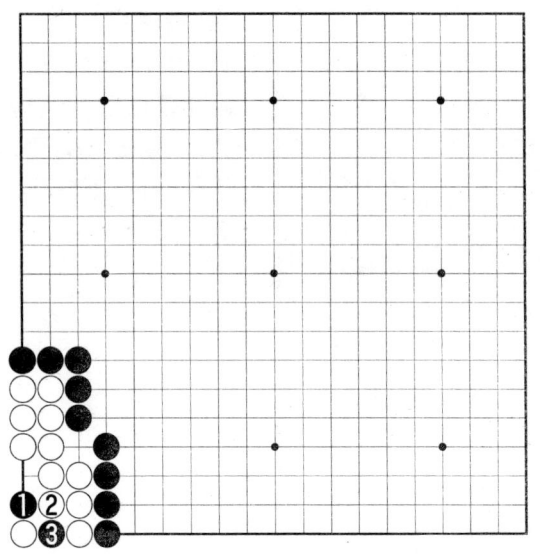

5图 接上图

4图以后，黑1打，白2做劫，黑失败。

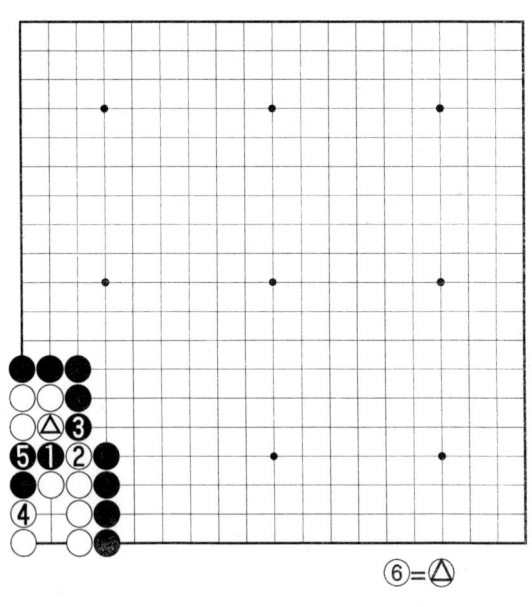

6图 大同小异

黑1挖，吃掉白四子，但白仍然能做成"倒脱靴"。

⑥=△

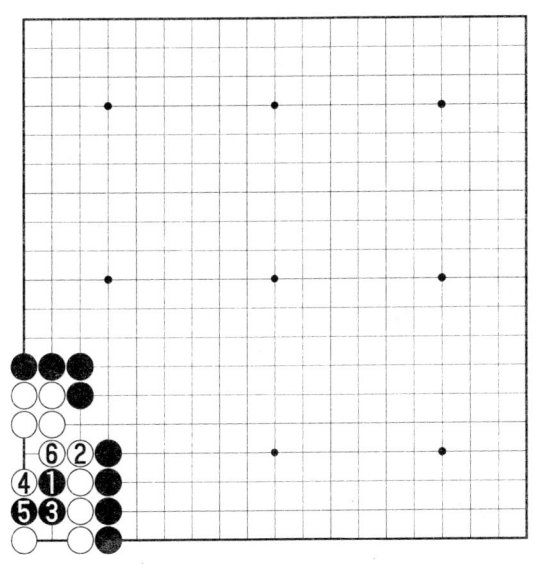

7图 仍是打劫

黑1靠、3冲，白4靠好手，形成劫争，黑失败。

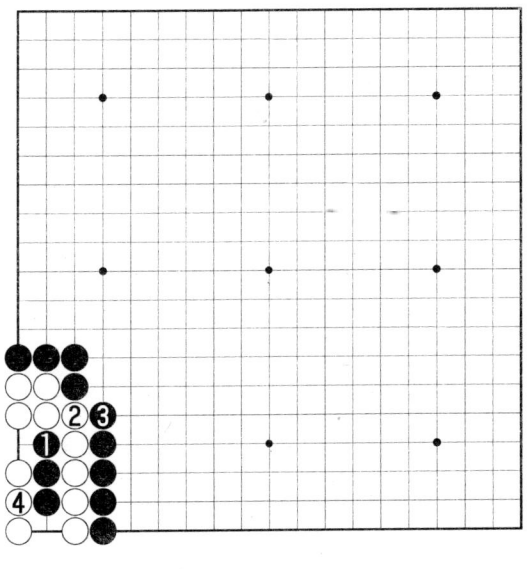

8图 双活

黑1挤，白2接时黑3只有挡，白4形成双活。

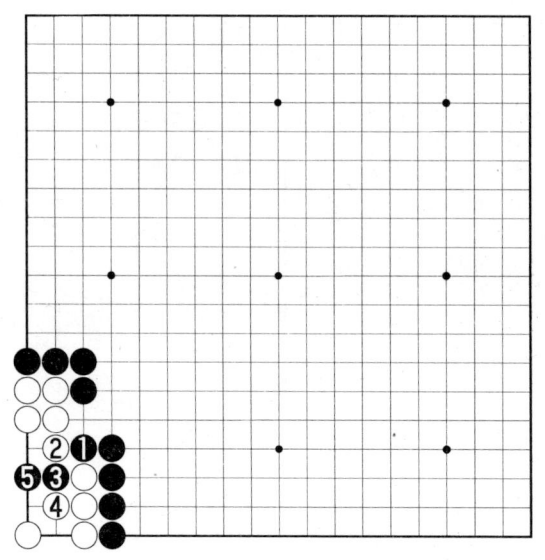

9图 正解

黑1简明地冲，是难以想到的好手，白2只有挡，黑3断，绝妙的"金鸡独立"，白净死。

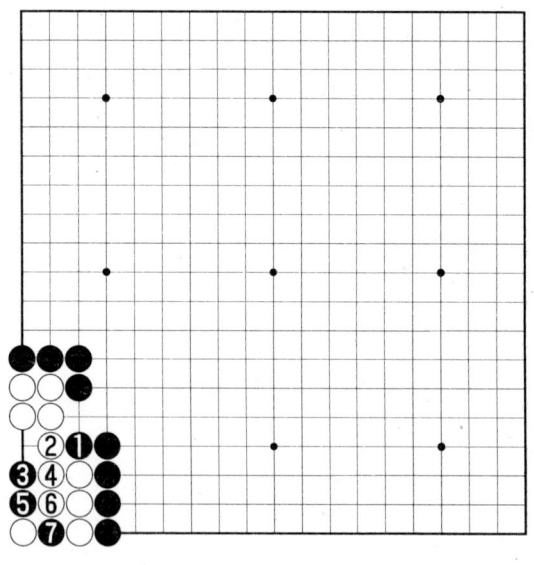

10图 注意

黑1冲，白2挡时，黑不能于3位点，这样将形成打劫。

4. 心天同体（黑先）

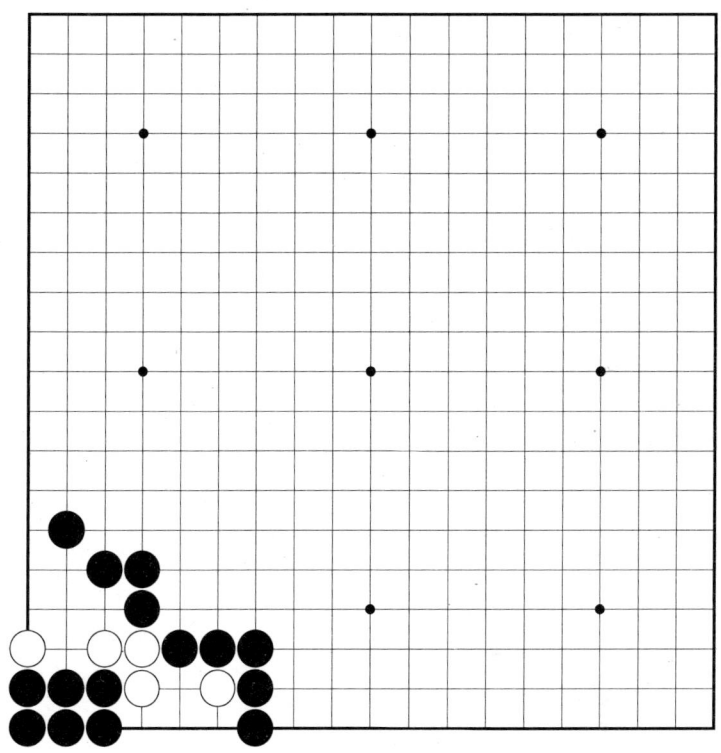

　　心体便是天体：一念之喜，景星庆云；一念之怒，震雷暴雨；一念之慈，和风甘露；一念之严，烈日秋霜。何者少得？只要随起随灭，廓然无碍，便与太虚同体。

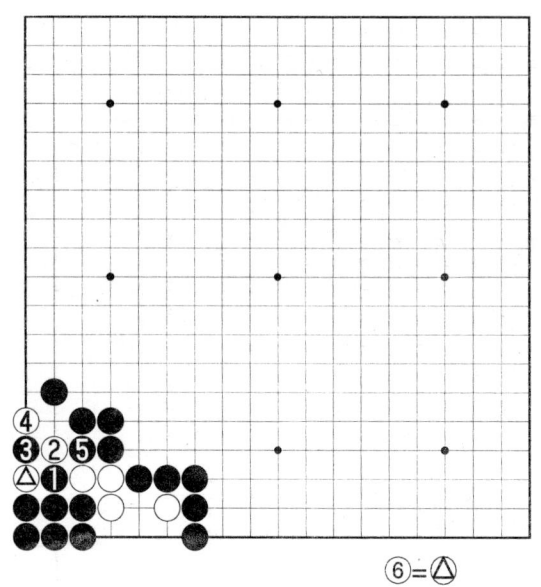

1图 白的强手

典型的做大眼杀的问题,黑1平凡地吃掉白一子,白4打吃黑一子是强手,结果形成劫争,黑失败。

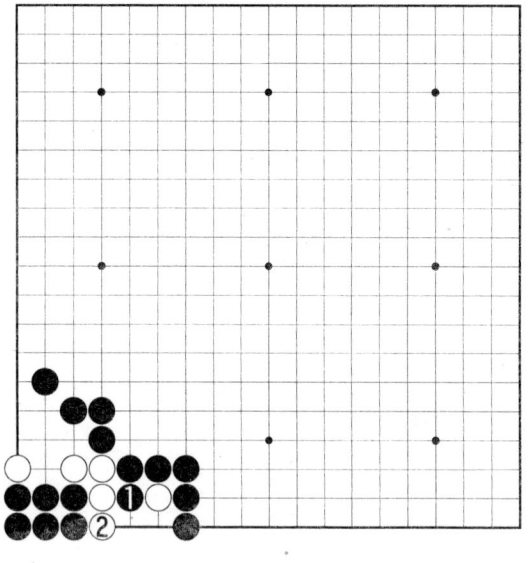

2图 毫发未损

黑1冷静地吃掉白一子,但白2简单地挡,轻松成活。

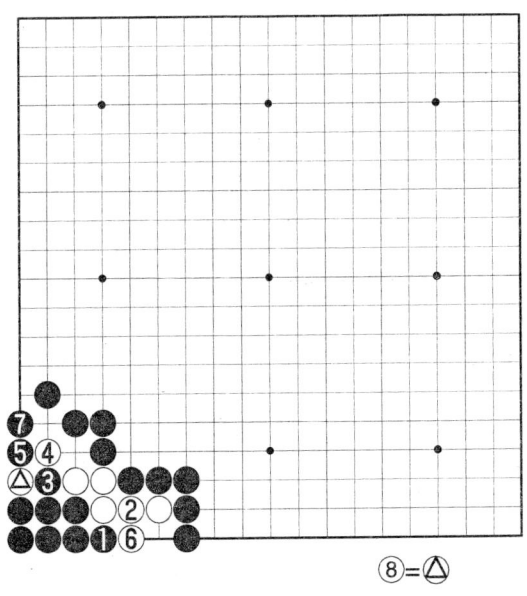

3图 正解

黑1先拐再3冲是绝妙的手顺,之后……

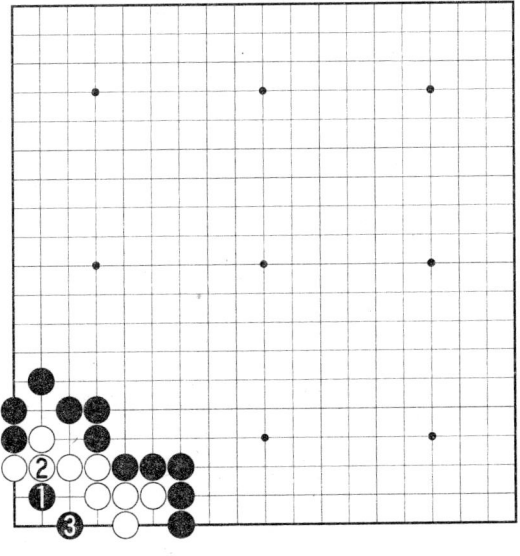

4图 接上图

接3图,黑1点,给白致命一击,白2只有粘,黑3尖,白净死。

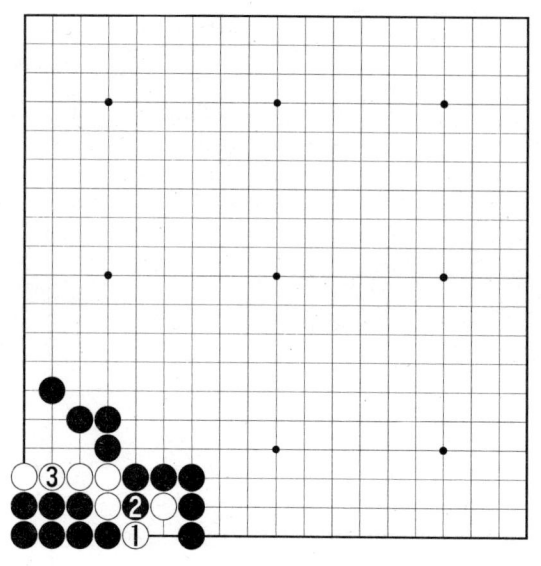

5图 白不行

3图的白2如走1位,黑2打,白3提……

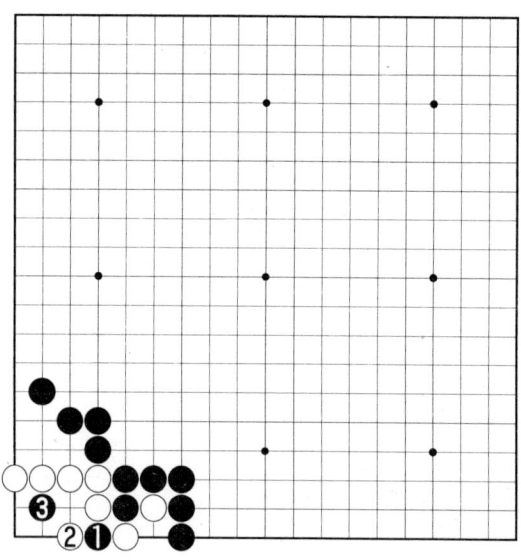

6图 净死

继上图,黑1扑,3点,做成"刀把五",白净死。

5. 执着与放下（黑先）

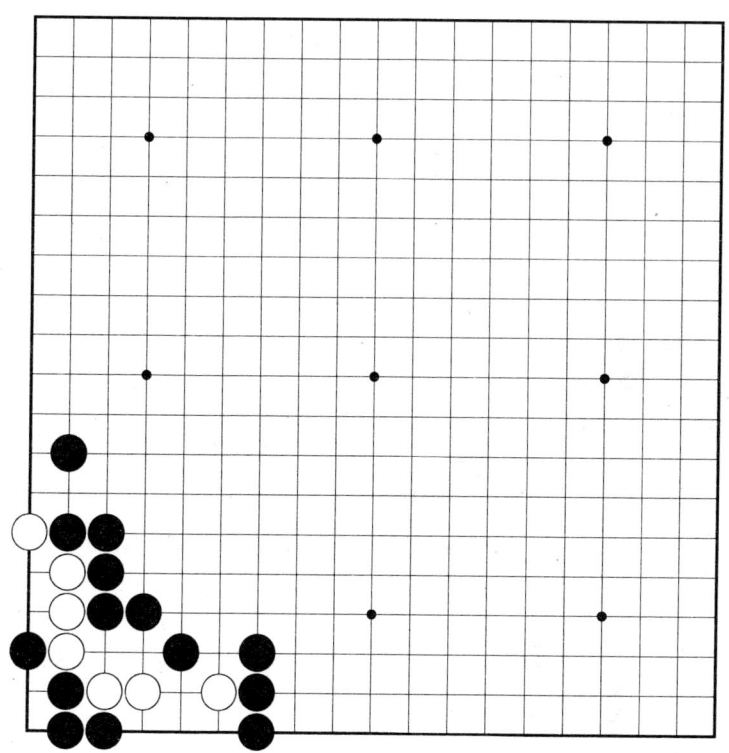

念头昏散处，要知执著；念头吃紧时，要知放下。不然，恐去昏昏之病，又来憧憧之扰矣。

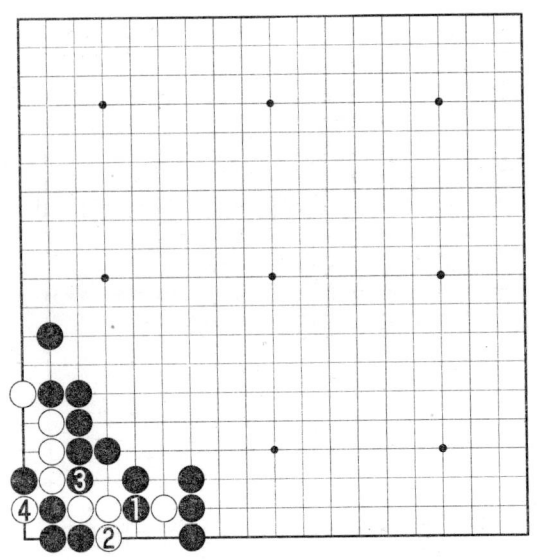

1图 无策

黑1在外面冲，白2挡，黑3断，白4扑，净活，黑失败。

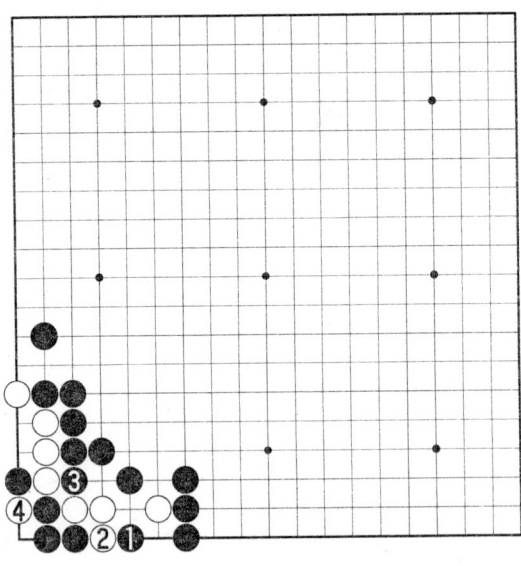

2图 大同小异

黑1跳，白仍然如上图般应对，黑依然不能杀白。

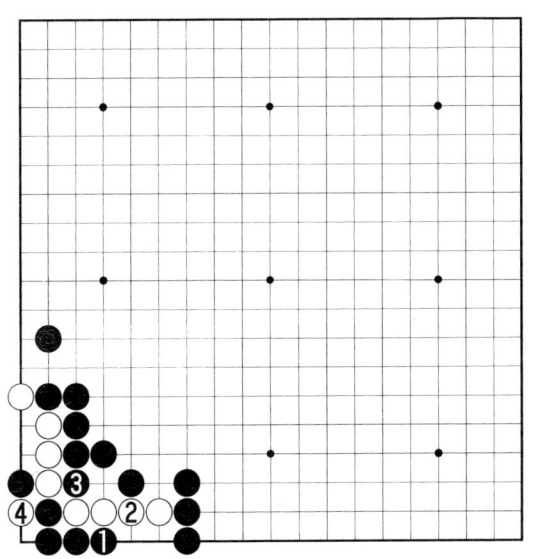

3图 差一气

黑在外面落子不能杀白,现改为一路爬,可惜至白4,黑四子差一气被吃。

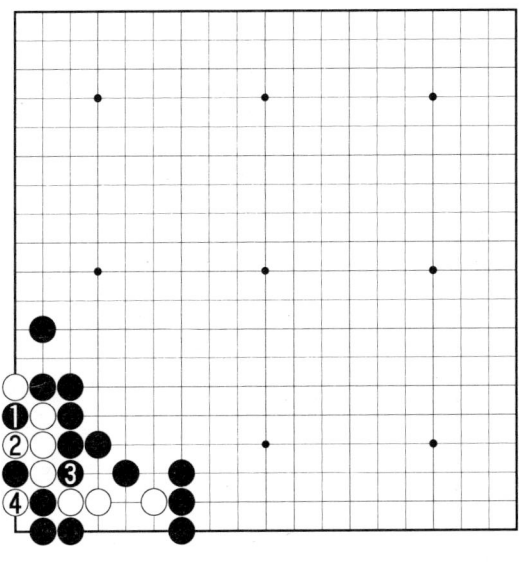

4图 还是失败

黑1扑,似乎是要点,但白2提,4提,白还是活了。

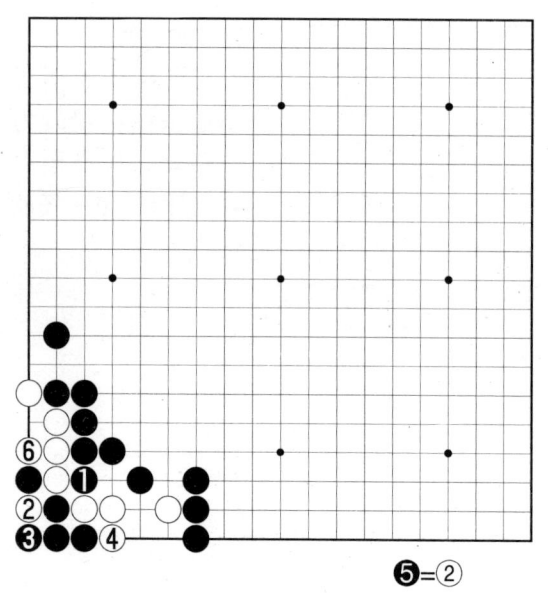

5图 正解

黑1先断是正解，白2扑，黑3提，白4打时黑5多送一子是很难想到的好棋，白6提……

❺=②

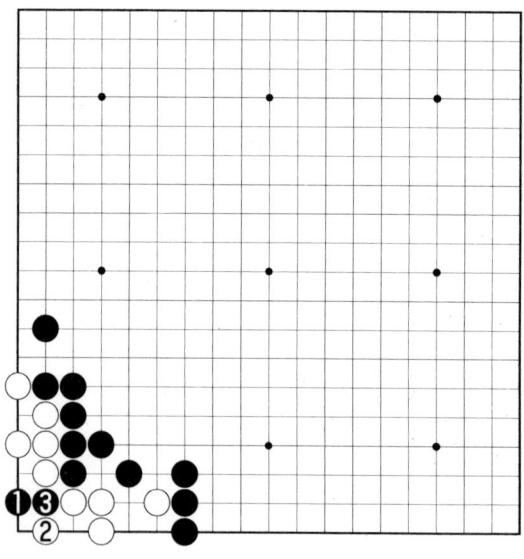

6图 继上图

黑1点，准备已久的"埋伏"，白2做眼时黑3断，白两边不入气被杀。

6. 何以自持（黑先）

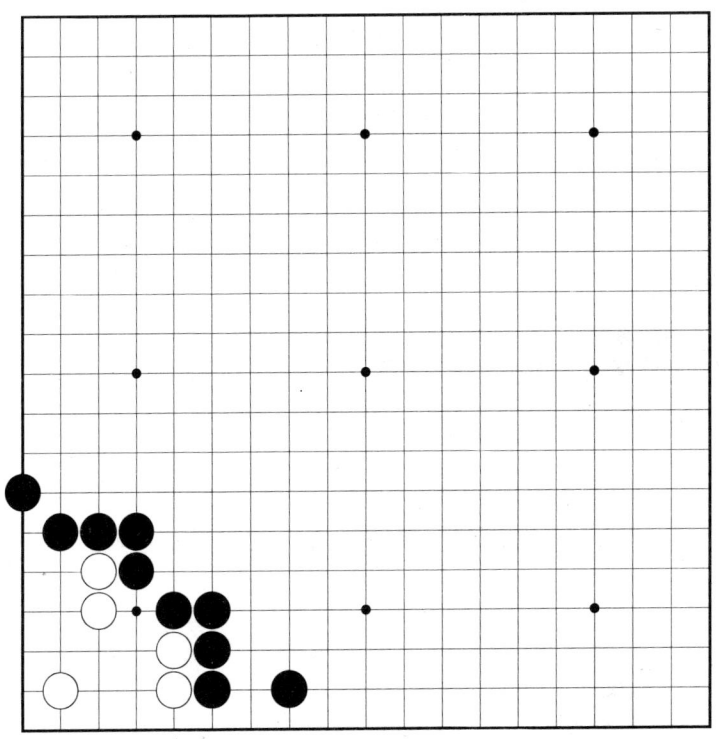

　　气象，要高旷，不可疏狂；心思，要缜密，不可琐屑；趣味，要冲淡，不可偏枯；操守，要严明，不可激烈。

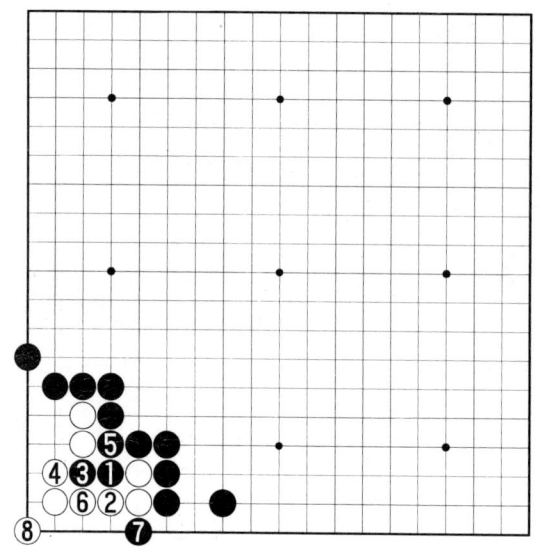

1图 白8，妙手

黑1、3平凡着法，遭到白8妙手做活。

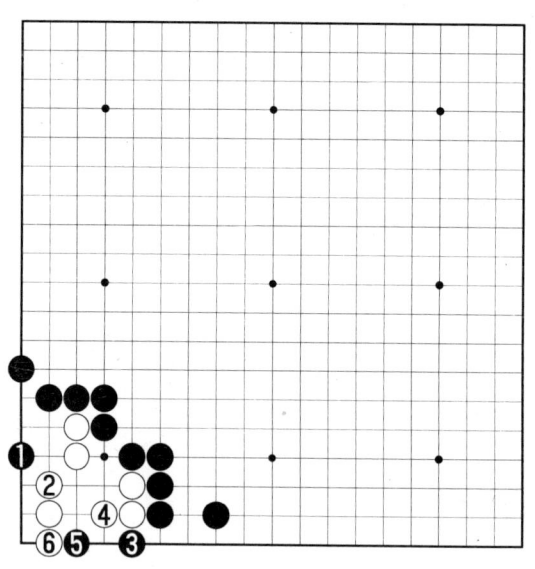

2图 愚形的好手

黑1飞，白2并，黑3扳时白4弯是好棋，黑无法杀白。

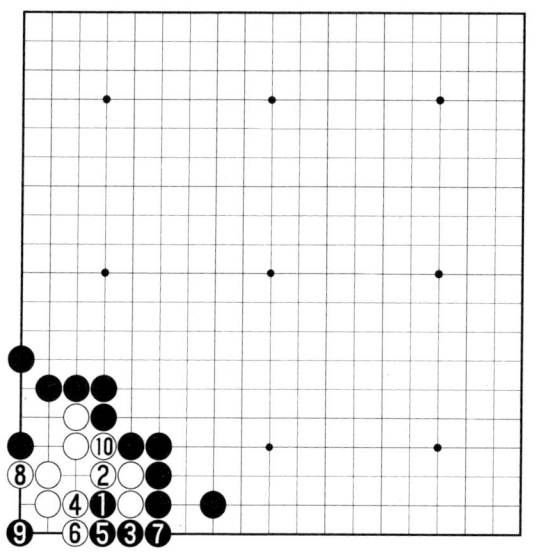

3图 失败

　　黑1夹，至白10，黑失败。

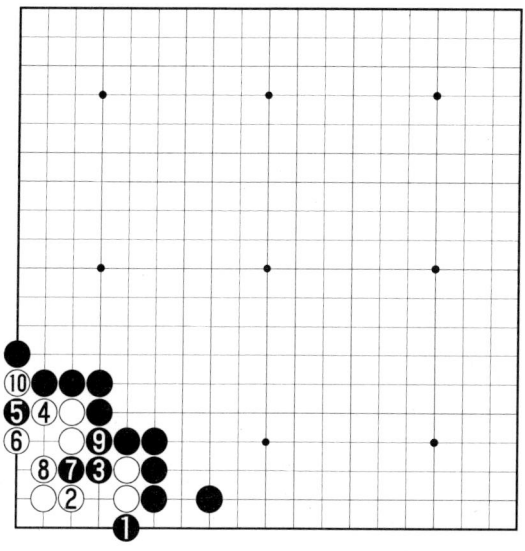

4图 正解

　　黑1扳是好手，白2是准备好的妙手，但3、5好手顺，至白10形成打劫。

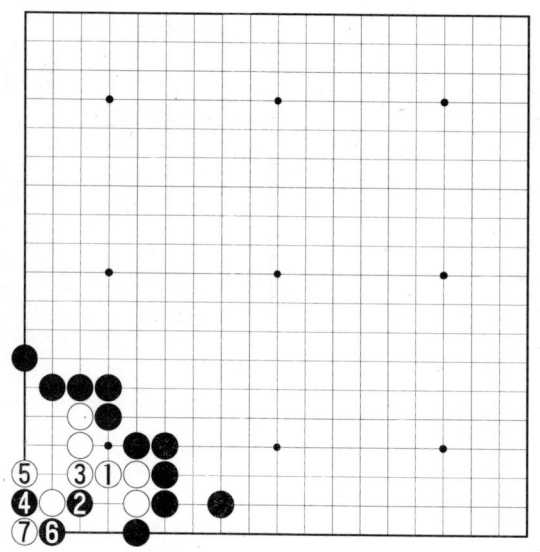

5图 变化Ⅰ

白1弯,黑2靠后4夹,绝妙,至白7形成打劫。

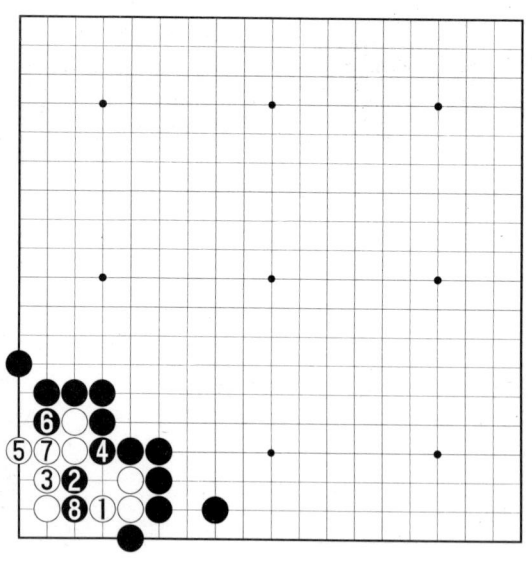

6图 变化Ⅱ

白1弯另一边,黑2靠好棋,至黑8,白净死。

7. 退一步为高（黑先）

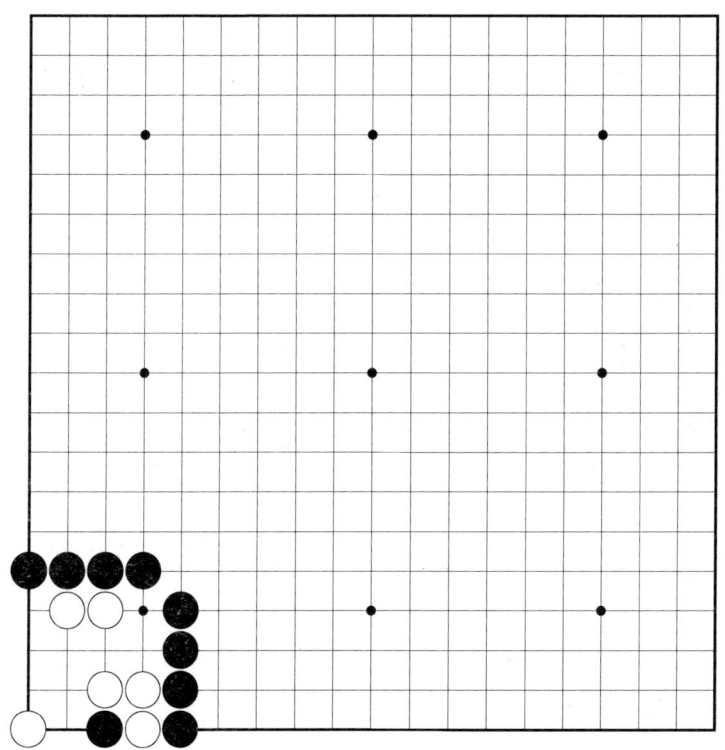

处世，让一步为高；退步，即进步的张本。待人，宽一分是福；利人，实利己的根基。

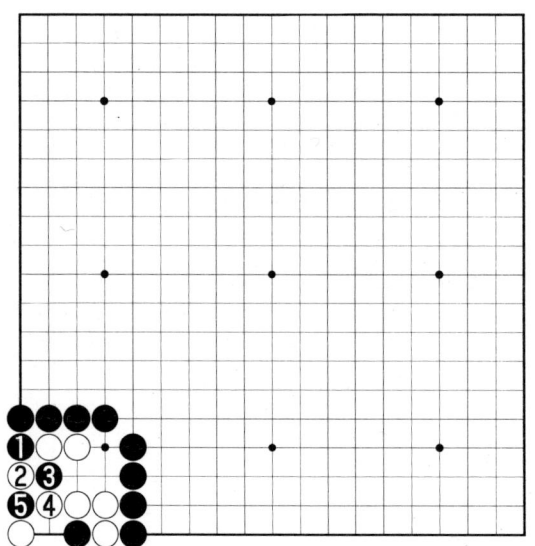

1图 打劫

黑1拐，至黑5形成打劫，失败。

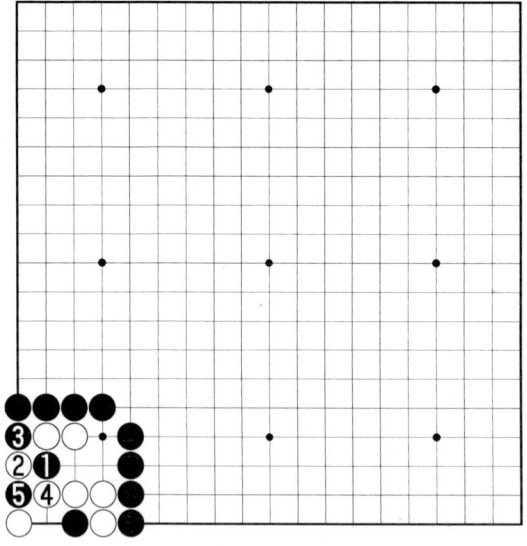

2图 还是失败

黑1紧凑地靠，白2扳，至黑5形成劫争。

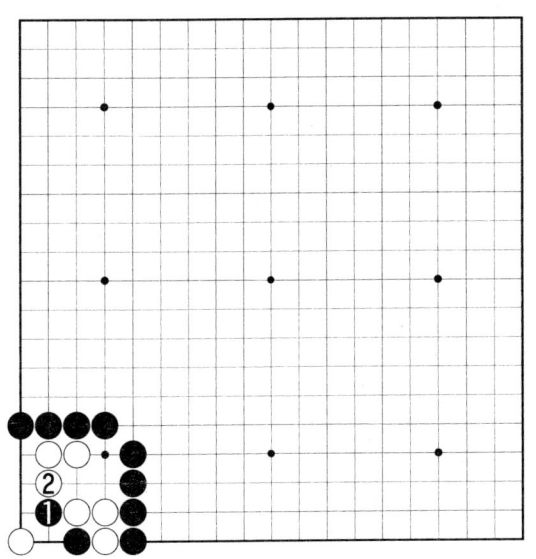

3图 黑无应手

想都不想就黑1扳的话,白2顶,黑无应手。

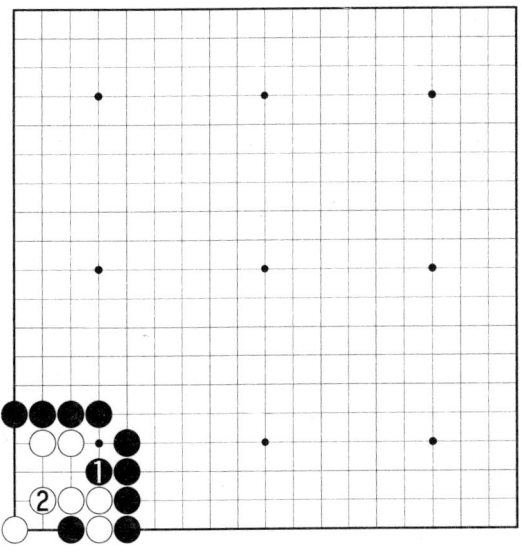

4图 简单做活

黑1在外面冲,白2简单地做活了。

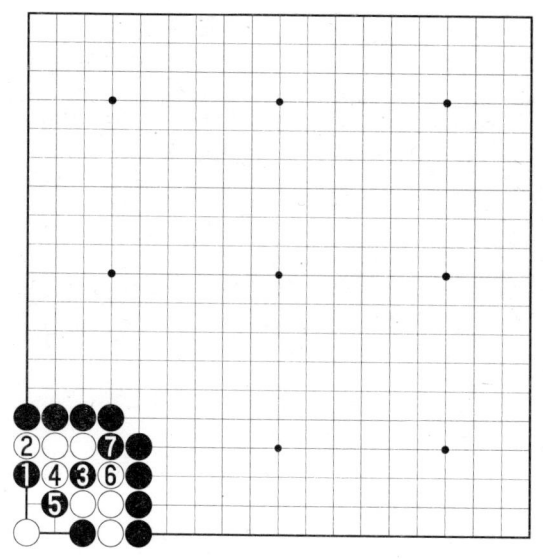

5图 正解

黑1跳是好棋,"敌之要点即我之要点",白2挡时黑3挖绝妙,白净死。

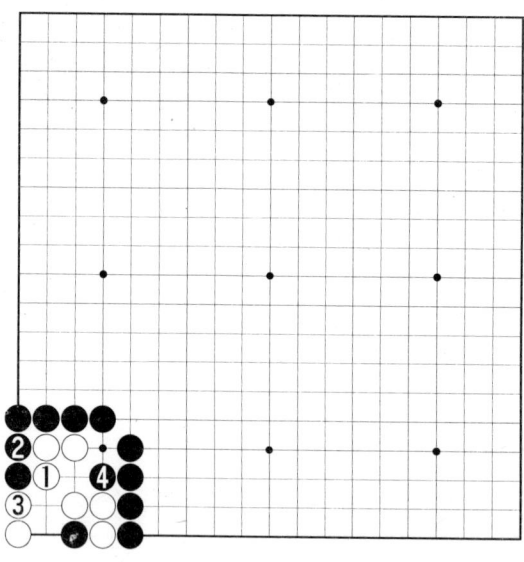

6图 黑谨慎应对

对于白1,黑2接再4冲谨慎应对,白仍是净死。

8. 清醒（黑先）

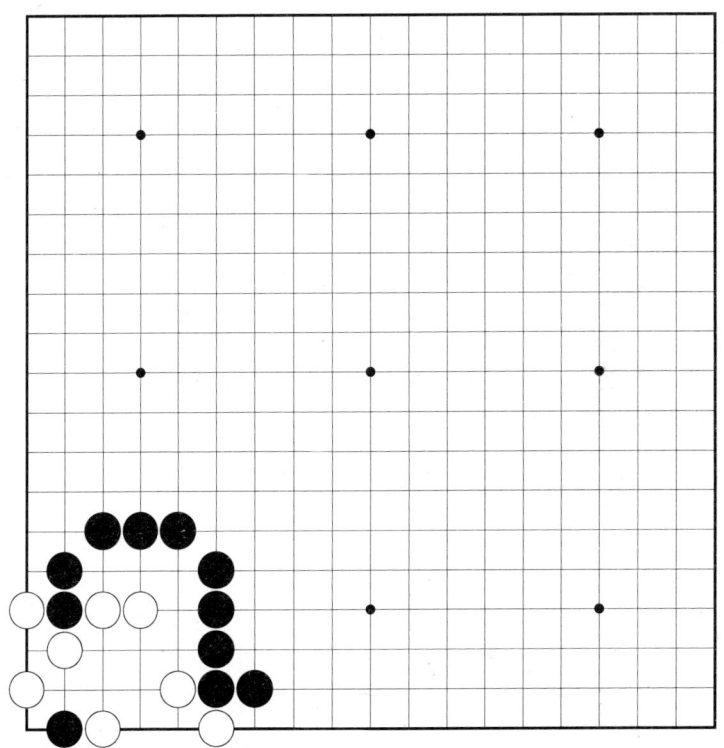

耳目见闻，为外贼；情欲意识，为内贼。只是主人翁，惺惺不昧，独坐中堂，贼便化为家人。

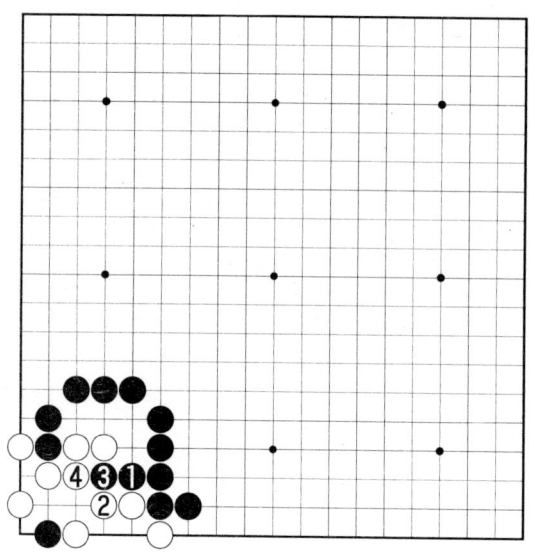

1图 失败

黑1、3简单地冲,白4粘后轻松做活了。

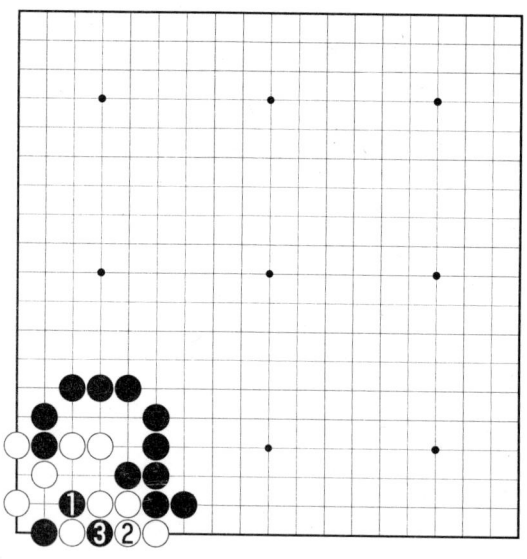

2图 还是失败

黑1打,白2做劫,黑仍失败。

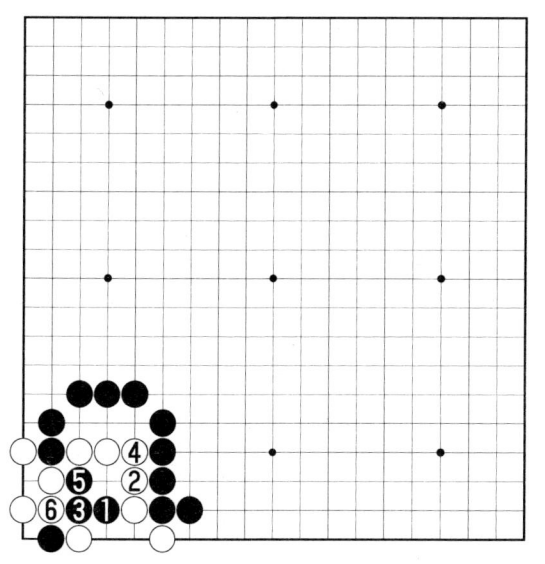

3图 白4,好手

黑1、3像是能杀死白棋，但白4团绝妙，白净活。

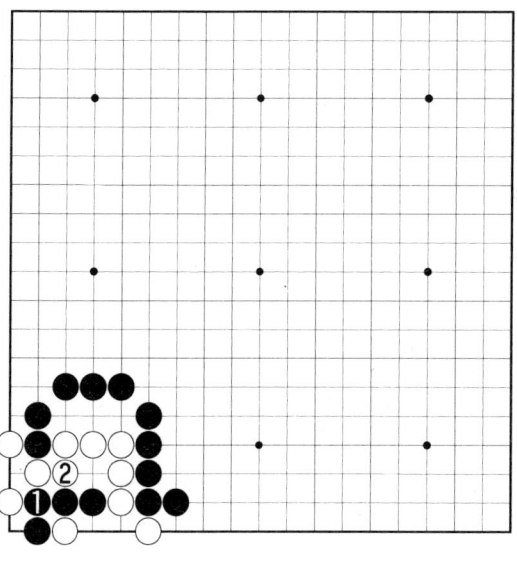

4图 无策

黑1粘，白2后，黑仍没有办法。

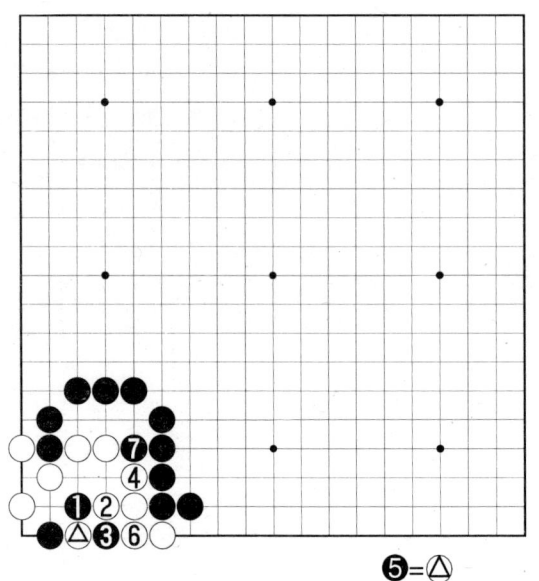

5图 正解

黑1打是急所,黑3提,白4时似乎是打劫的模样,此时黑5粘冷静的好手,至黑7挤,白净死。

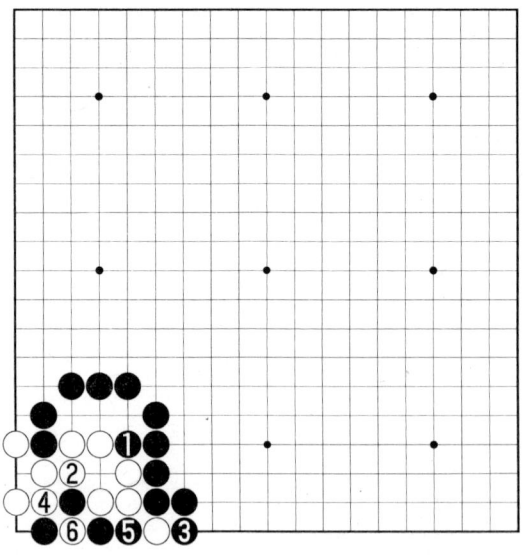

6图 失误

黑1先挤不行,白2粘后形成打劫。

9. 乾坤自在（黑先）

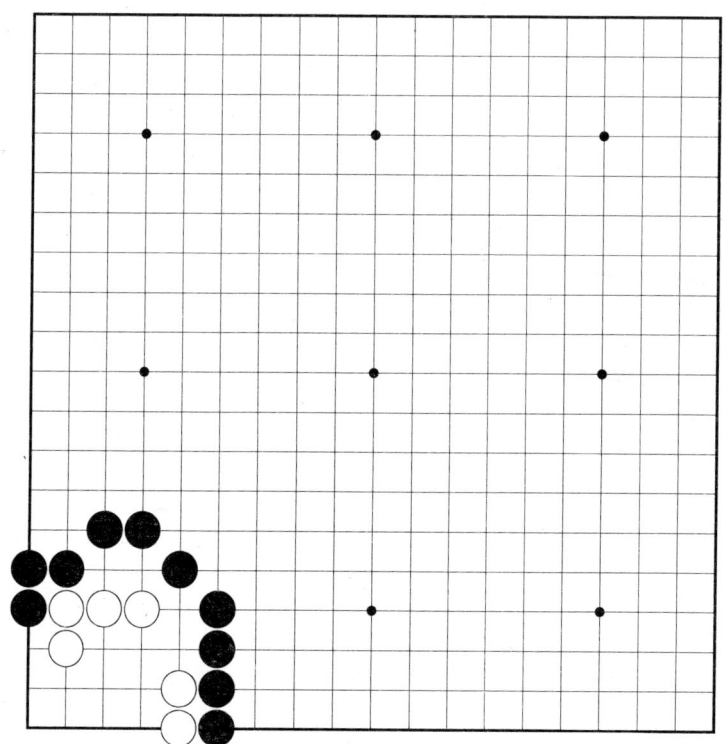

　　帘栊高敞，看青山绿水吞吐云烟，识乾坤之自在；竹树扶疏，任乳燕鸣鸠送迎时序，知物我之两忘。

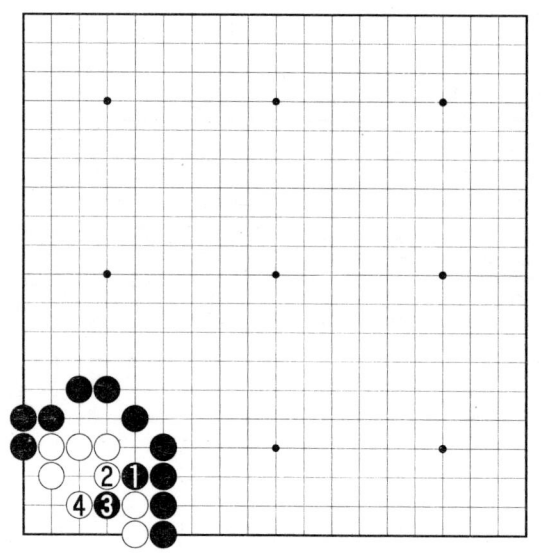

1图 失败

黑1冲，3吃太简单，白4轻松做活了。

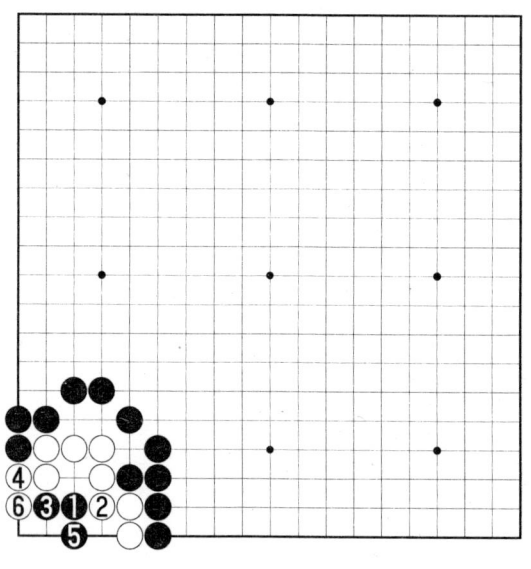

2图 万年劫Ⅰ

黑1看似急所，但白2、4冷静应对，至白6形成万年劫，黑失败。

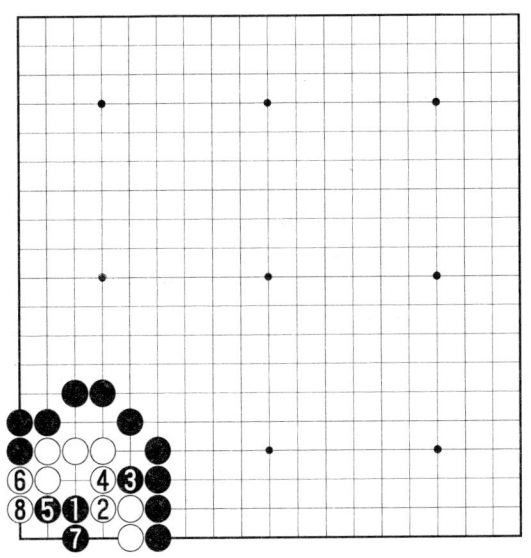

3图 万年劫 II

黑1先点也一样，是万年劫，黑失败。

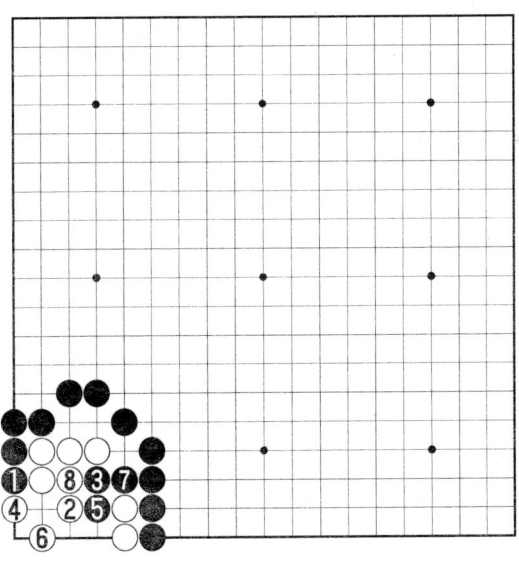

4图 次序错误

黑1爬、3靠，次序有误，白2是准备好了的妙手，至白8黑仍无法杀白。

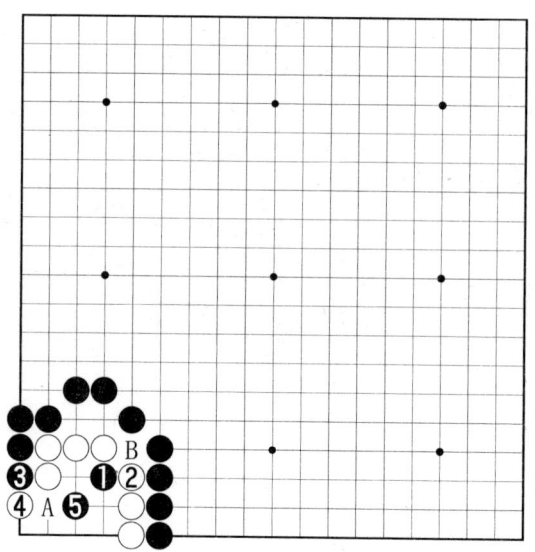

5图 正解

黑1先靠,再3爬是好次序,白4只有挡,黑5尖,A、B两点必得其一,白被净杀。

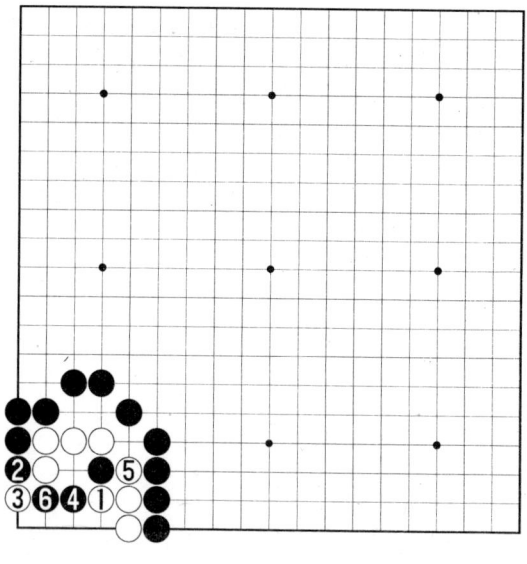

6图 变化

白1从下面挡的话,黑2爬、4扳,白同样是净死。

10. 遣此穷愁（黑先）

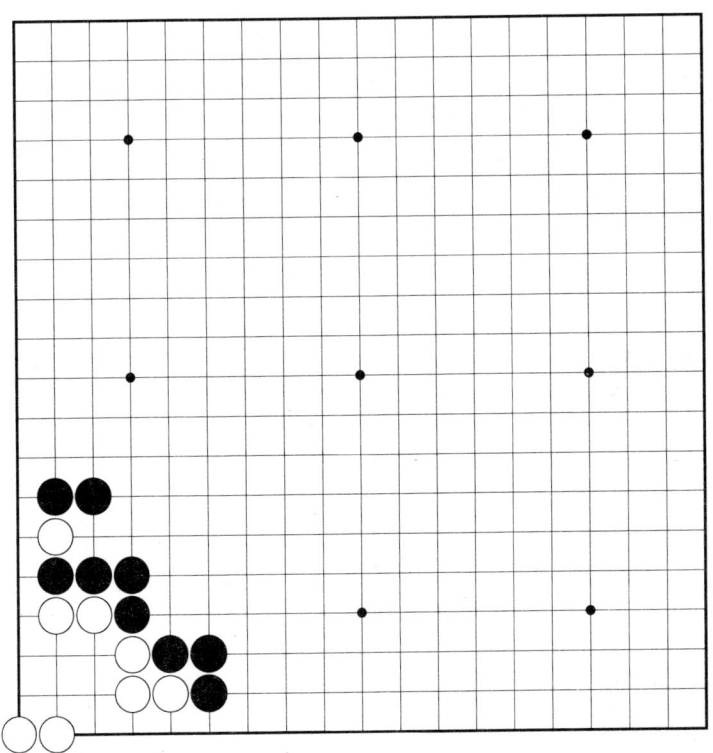

热不必除，而除此热恼，身常在清凉台上；穷不可遣，而遣此穷愁，心常居安乐窝中。

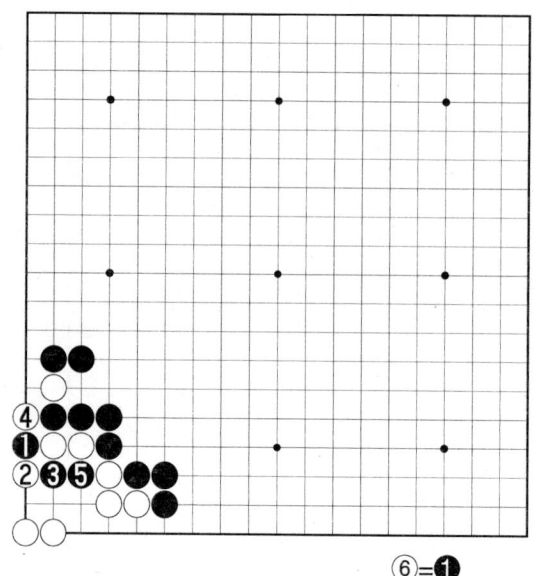

⑥=❶

1图 两边不入气

黑1扳时,白2挡,黑3打吃,至白6接,黑两边不入气,失败。

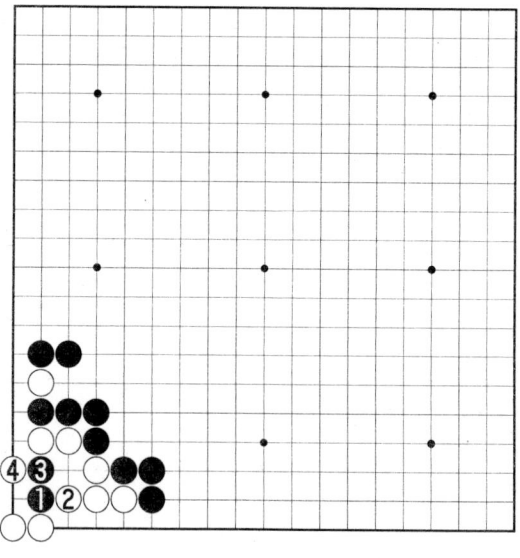

2图 白无事

1靠像是急所,但白2、4简单做活了。

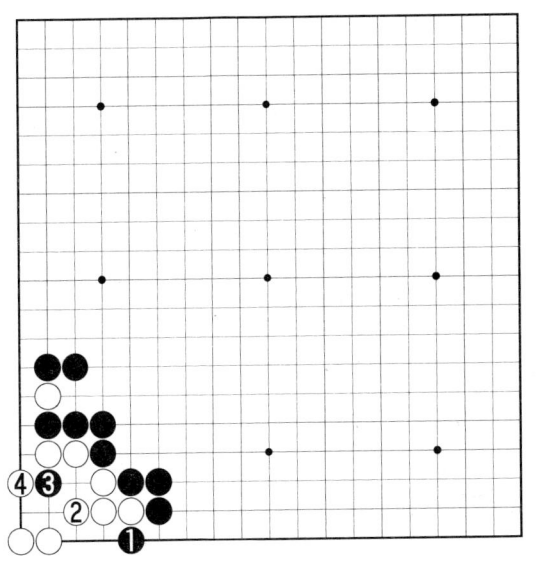

3图 见合

从右边扳,白2弯,冷静的好手,黑3靠时,白4简单做活了。

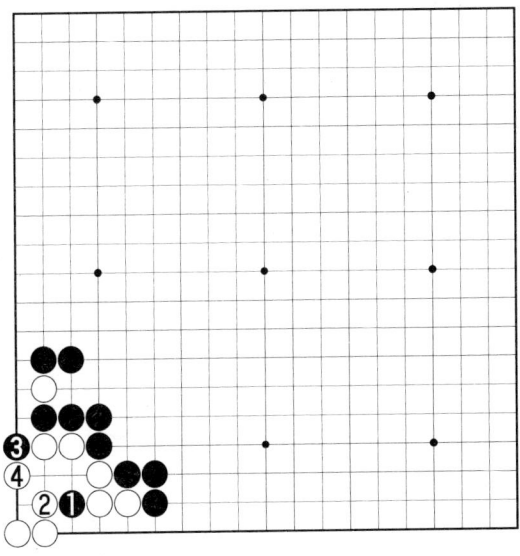

4图 仍然失败

1靠,白2挡,黑无下一手,至白4,黑失败。

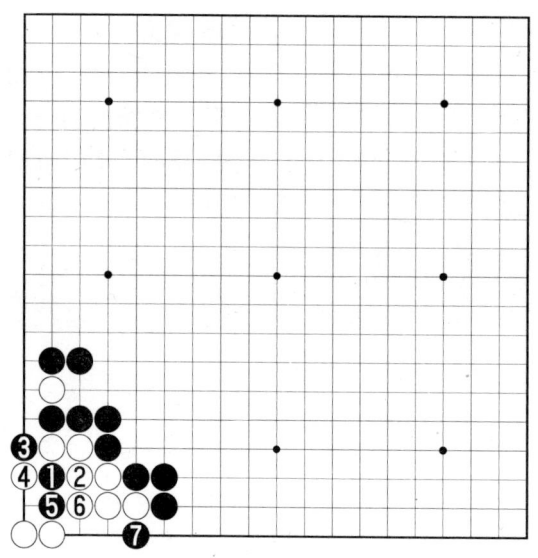

5图 正解

夹是急所，白2接时，黑3、5是好次序，至黑7，白被净杀。

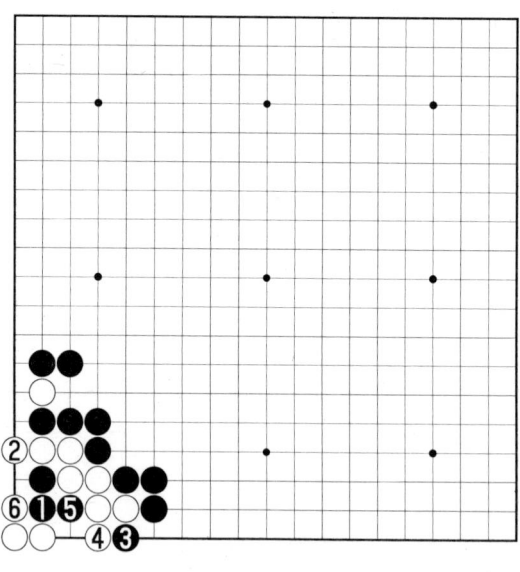

6图 错觉

想都不想就顶，白2立，黑顿时一点儿办法都没有，至白6拐，形成双活。

11. 世味人情（黑先）

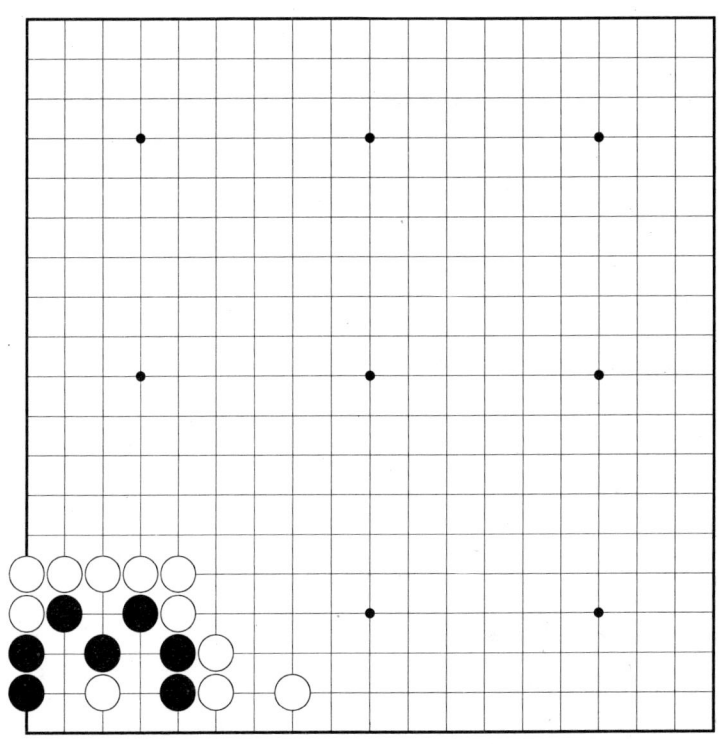

　　饱谙世味，一任覆雨翻云，总慵开眼；会尽人情，随教呼牛唤马，只是点顶。

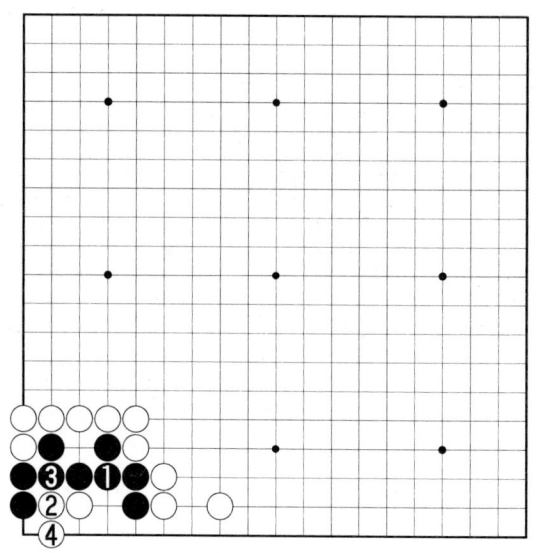

1图 简单

看似冷静地接，白2顶后4弯，黑净死。

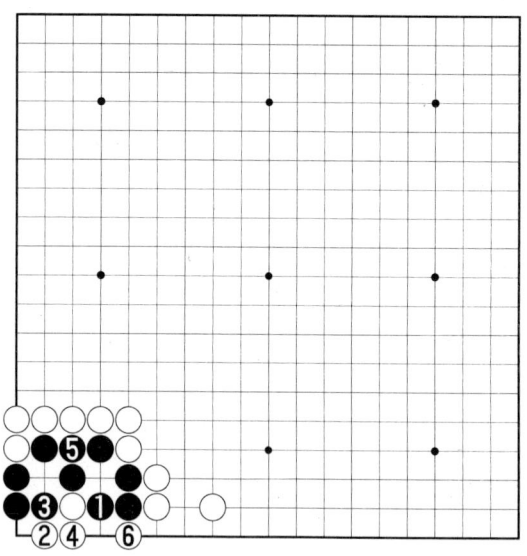

2图 准备好的应手

1顶，白2是准备好的应手，黑3打5做眼时，白6扳，黑两边不入气被杀。

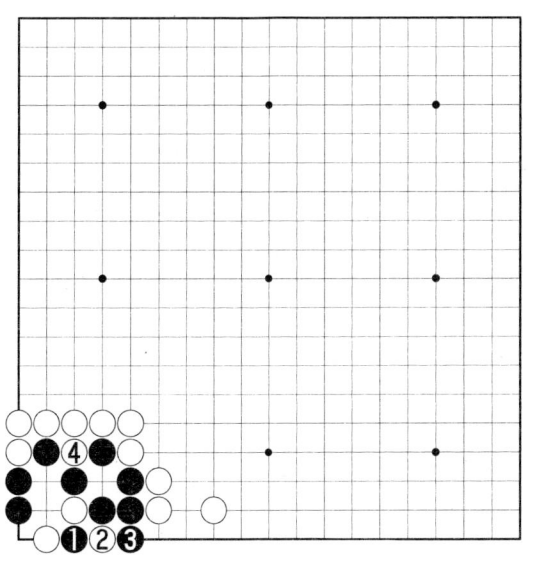

3图 打劫,黑失败

扑可以做成打劫,但打劫不是黑的最佳结果。

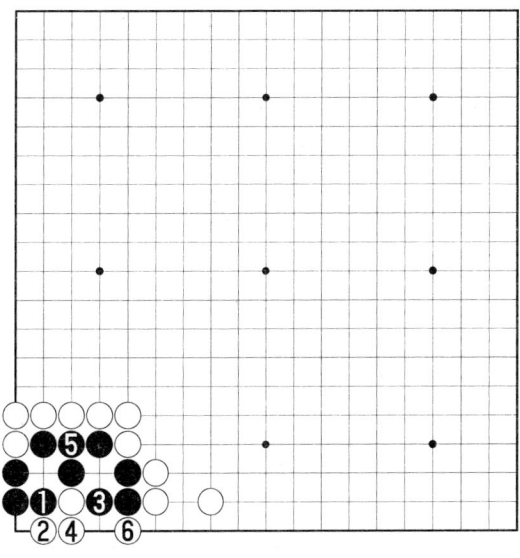

4图 失误

1急所,白2扳时黑3是失误,白4接即还原成2图,黑仍失败。

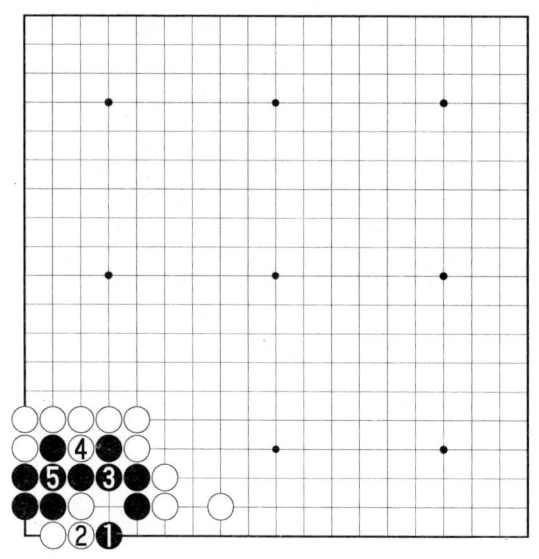

5图 正解

黑1尖是好手,白2接时黑3又是冷静的好手,至黑5形成双活。

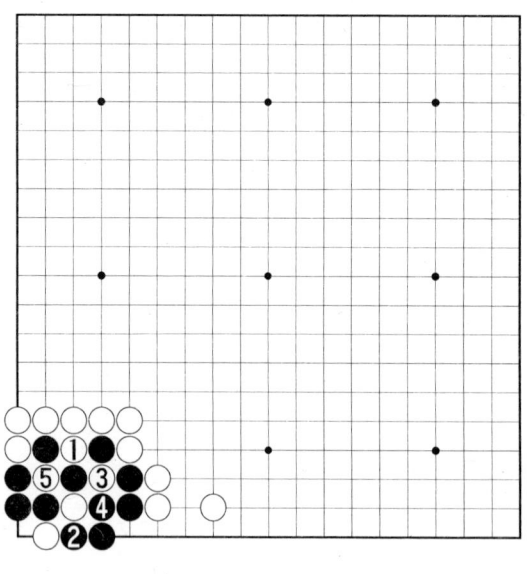

6图 连环劫

白1打,黑2后,做成绝妙的连环劫,黑净活。

12. 高深修养（黑先）

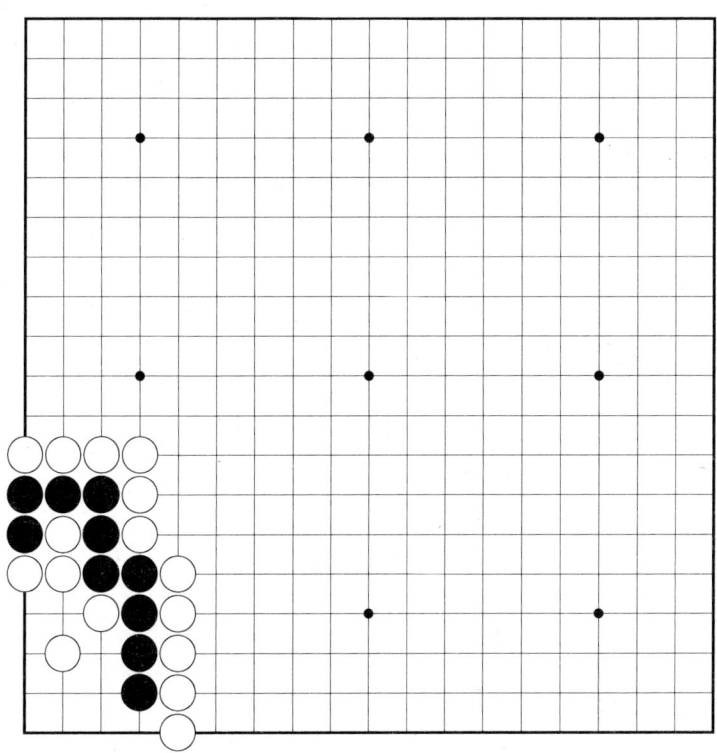

　　修养，当如百炼之金。急就者非邃养，施为者宜似千钧之弩，轻发者无宏功。

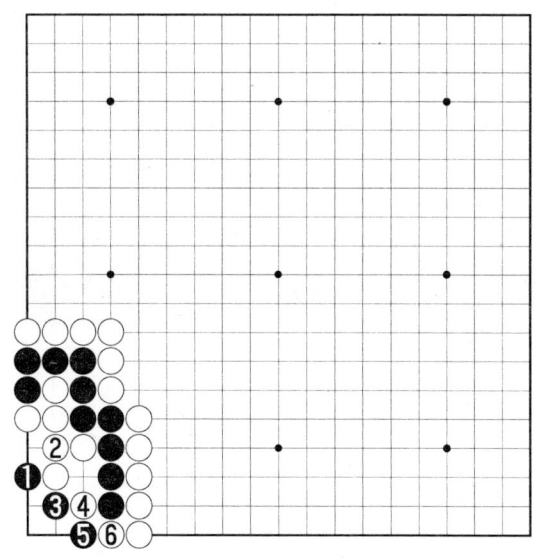

1图 荒唐的急所

黑1靠，看似形的急所，但白2后，4挖是准备好了的反击，黑失败。

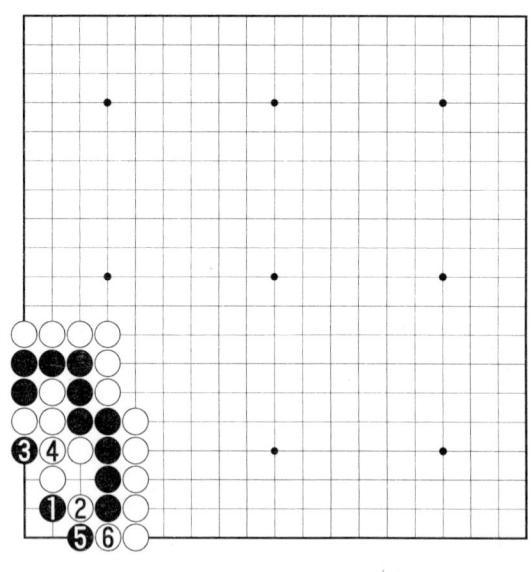

2图 倒扑

大的计算力是需要长时间锻炼才能得到的，简单地黑1靠，白2挖以下至白6，黑遭"倒扑"，失败。

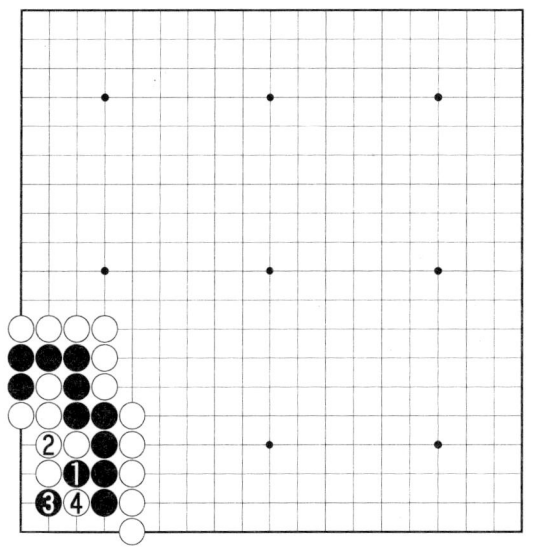

3图 脱靶

黑1打吃，像射箭脱靶一样，偏离目标了，白2简单地接，黑3虎时，白4扑，黑失败，这说明黑的计算还不够深入。

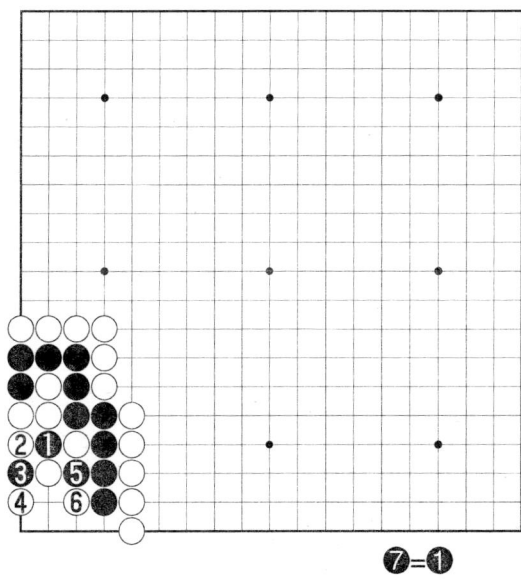

4图 正解

黑1扑，总算是击中目标了，黑3再扑，绝妙。黑7为止形成劫争必然，是正解。

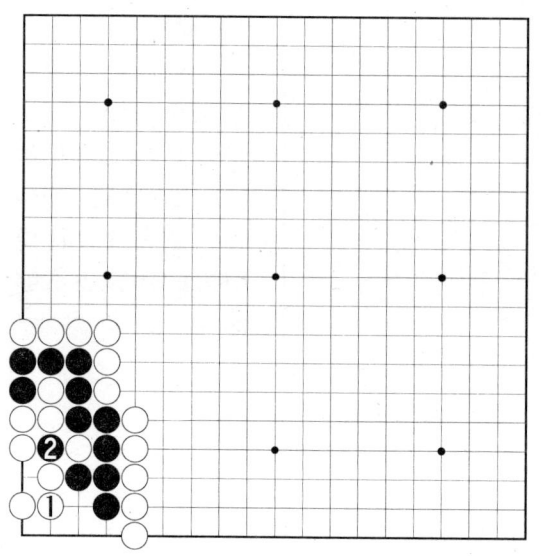

5图 还是打劫

白1团,黑2提,仍然形成劫争。

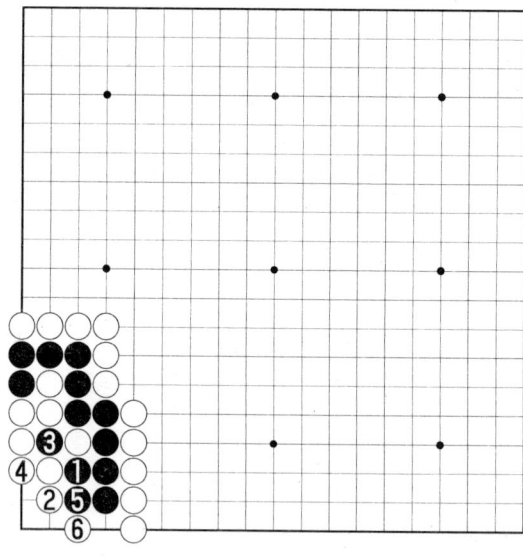

6图 失误

黑1若随意地打吃则是严重的失误,白2立,以下至白6,黑不入气被净杀。

13. 居安思危（黑先）

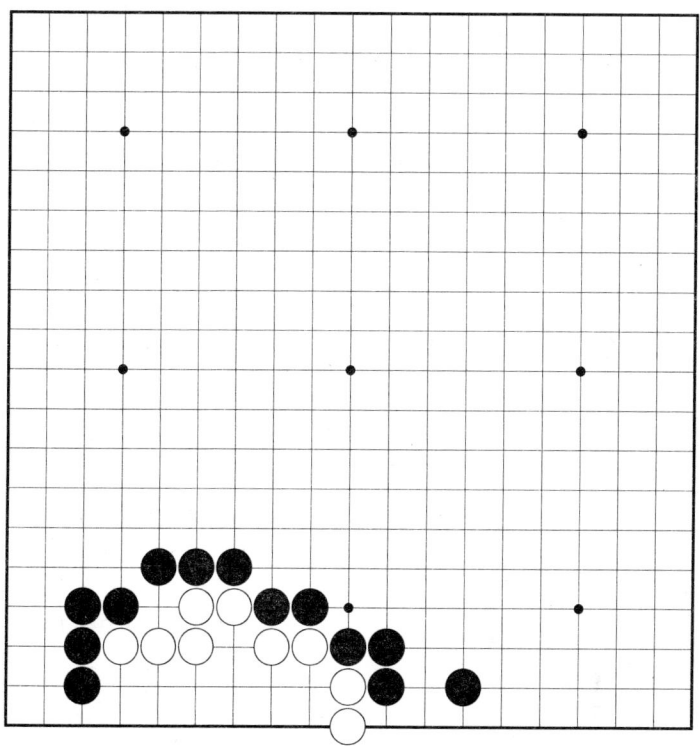

天之机缄不测，抑而伸，伸而抑，皆是拨弄英雄，颠倒豪杰矣。君子，只是逆来顺受，居安思危，天亦无所用其伎俩。

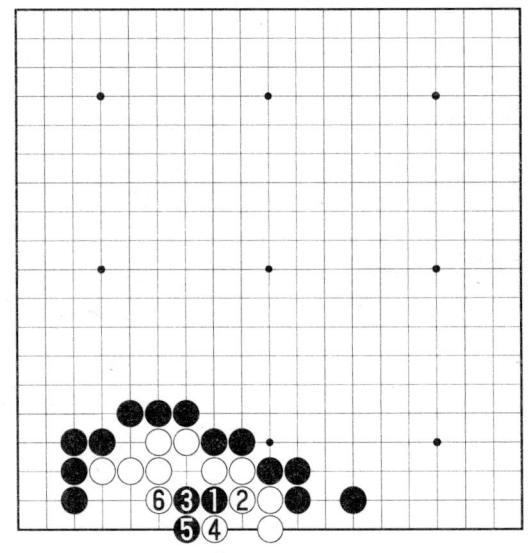

1图 黑的错觉

黑1夹，第一感，但其实是个错觉。白2接，白4扳是好手，至白6净活。

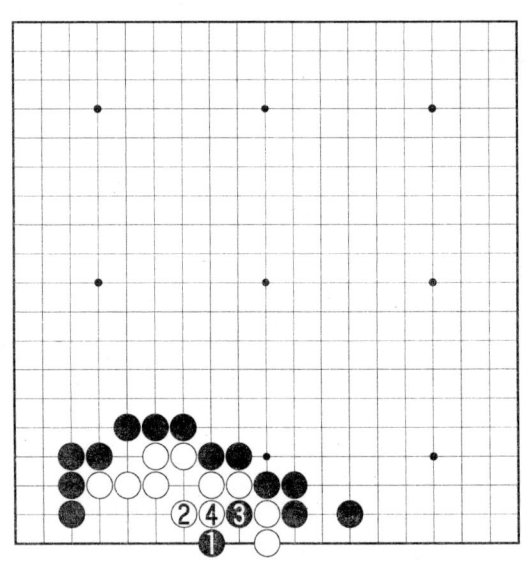

2图 无用的点

黑1点，白费力气，白2做眼，轻松做活了。

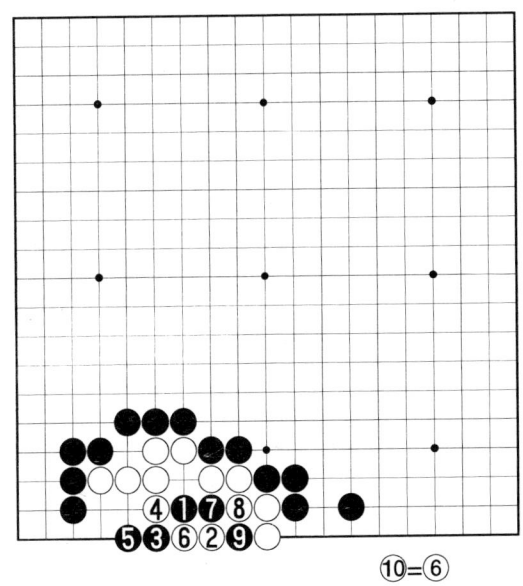

3图 正解

黑1点是急所，白2跳，最强应手，黑3尖、5退是次序，至白10是必然的进行……

⑩=⑥

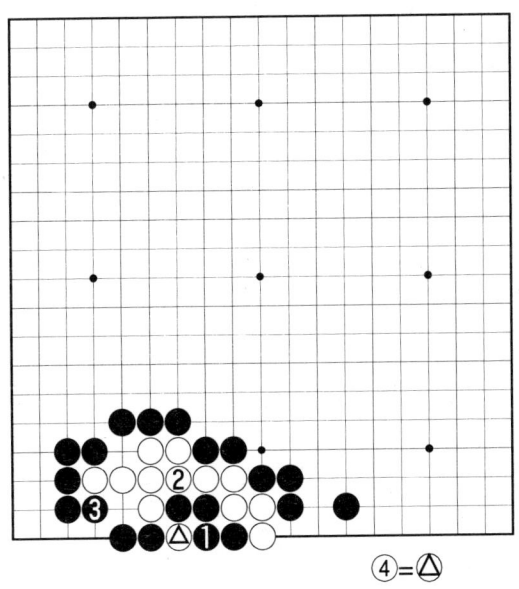

4图 接上图

黑1先提掉白一子，白2吃，黑3退，白4提时……

④=△

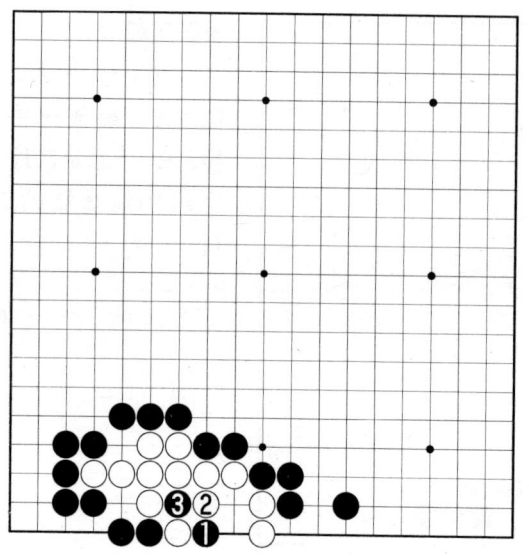

5图 接上图

　　黑1、3做成打劫是正解。

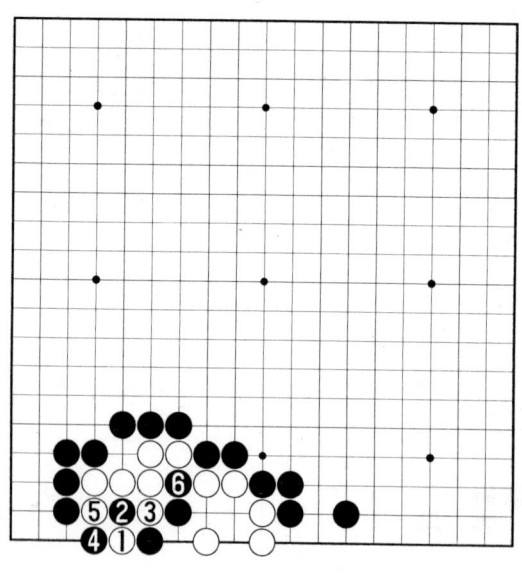

6图 变化

　　3图中黑3时，白4改为本图中白1靠的话，黑2至黑6应对，还是形成打劫。

14. 磨砺心性（黑先）

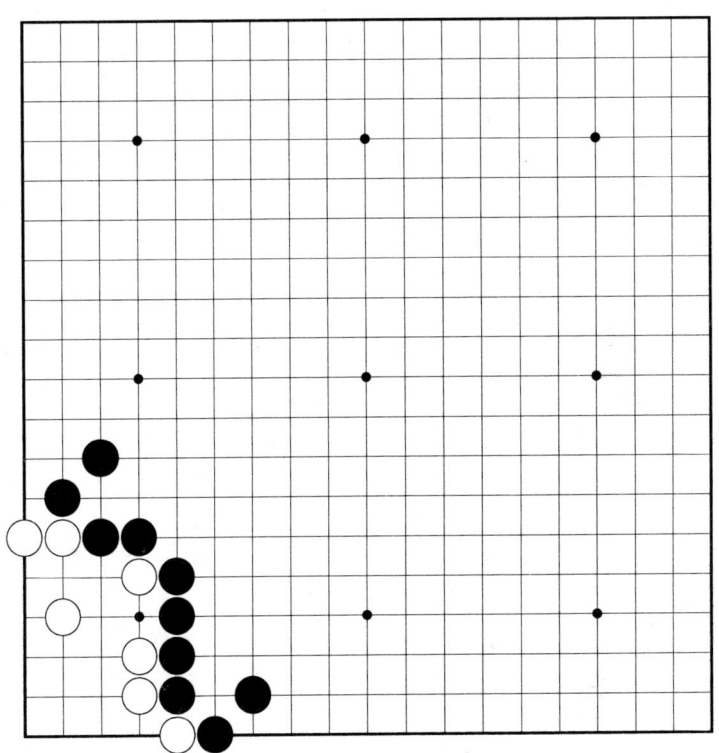

　　耳中常闻逆耳之言，心中常有拂心之事，才是进德行的砥石。若言言悦耳，事事快心，便把此生埋在鸩毒中矣。

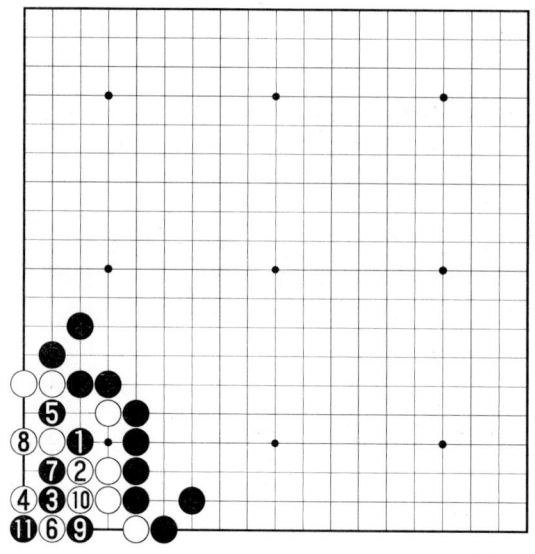

1图 白的鬼手

黑1靠是好手，白2挡，黑3点，白4是准备已久的"鬼手"，黑5以下至黑11，形成打劫，黑失败。

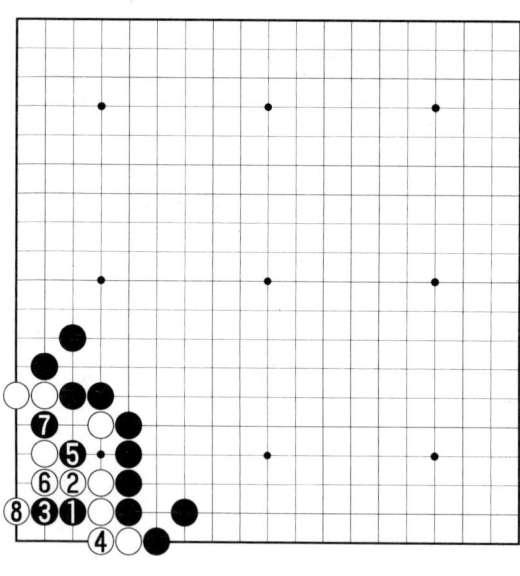

2图 黑甜蜜的梦想

黑1夹，白2拐，黑3长，白4接。黑5时，白6、8轻松做活。

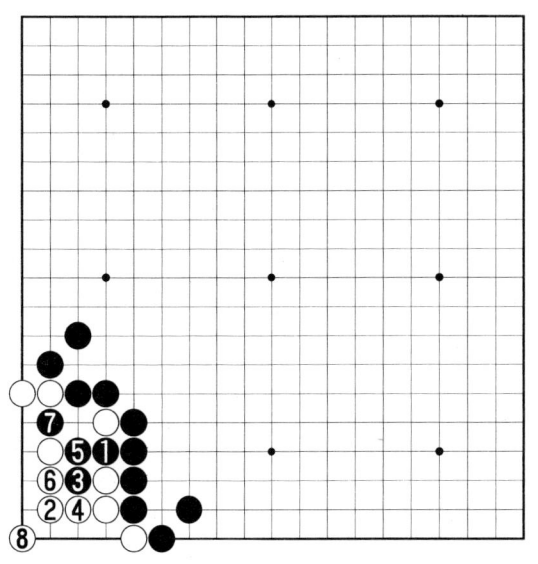

3图 黑简单失败

黑1冲，白2跳是形，至白8轻松成活。

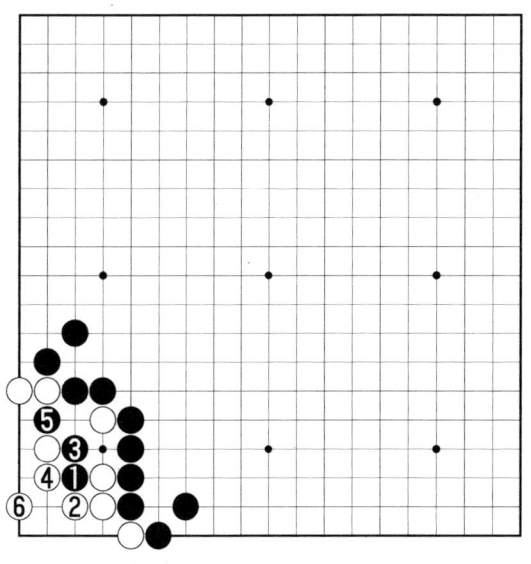

4图 黑束手无策

黑1靠也是值得考虑的一步，但白2、4后白6虎，黑束手无策。

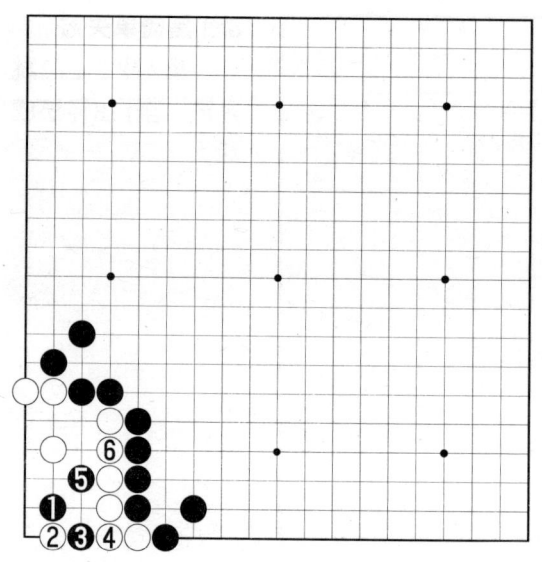

5图 正解

黑1点,这是双方必争的要点,白2托抵抗,黑3白4交换后,黑5尖是要点,白6只有接……

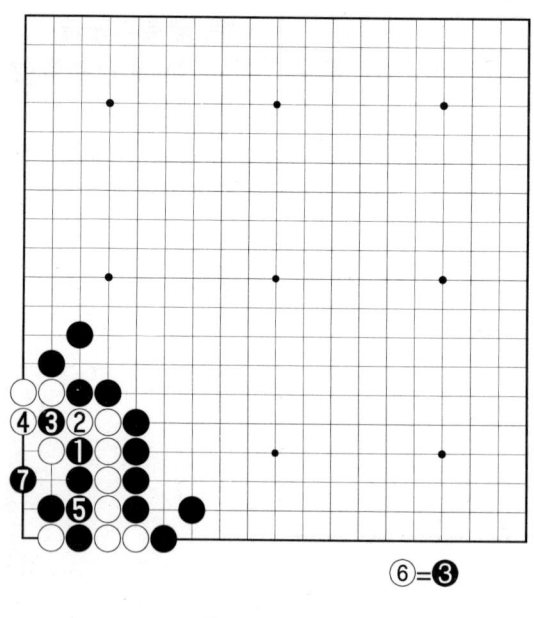

6图 继上图

黑1冲,3扑,至7止,做成"有眼杀无眼",白被杀。

⑥=❸

15. 滴水穿石（黑先）

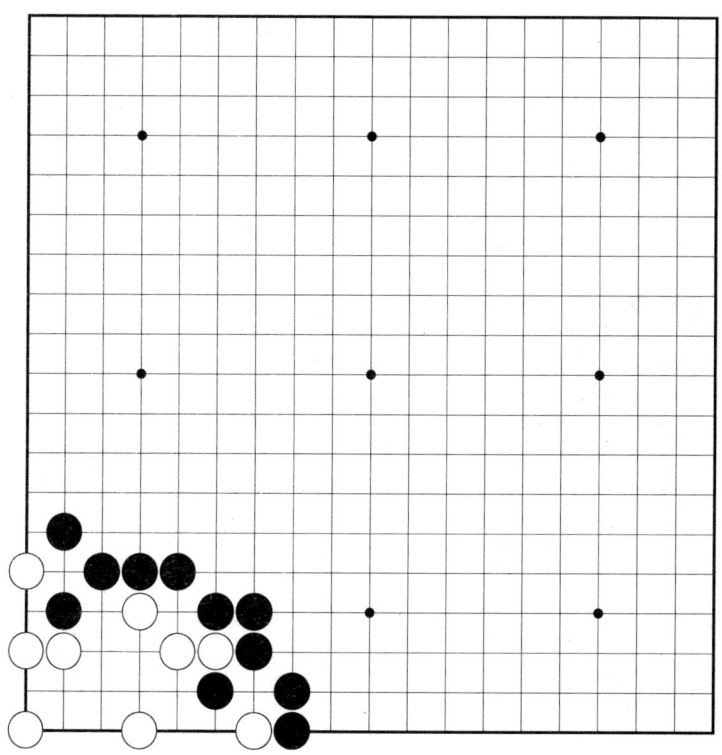

　　绳锯木断，水滴石穿。学道者，须加力索，水到渠成，瓜熟蒂落；得道者，一任天机。

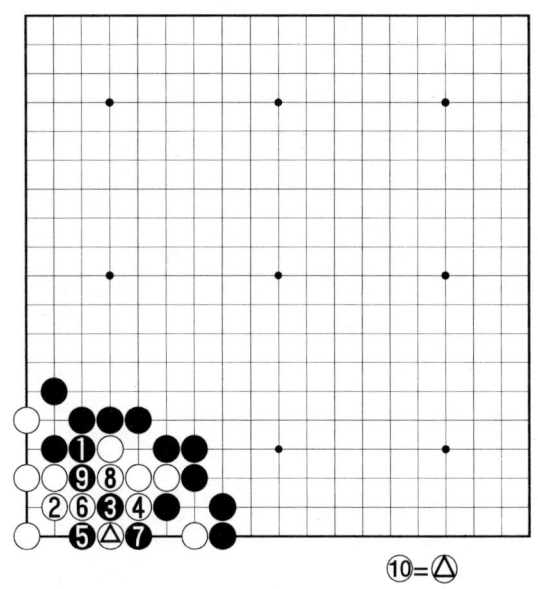

1图 黑白费功夫

黑1团,白2做眼冷静,黑3跳,白4至10止形成劫争,黑失败。

⑩=△

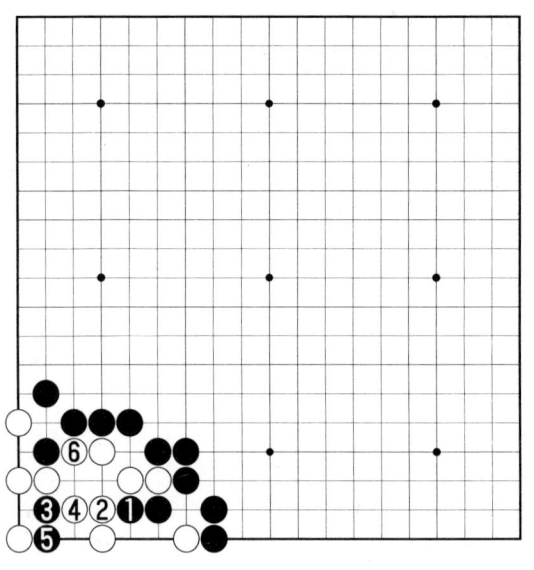

2图 见合

黑1冲,白2挡,黑3点入,至白6,黑仍是失败。

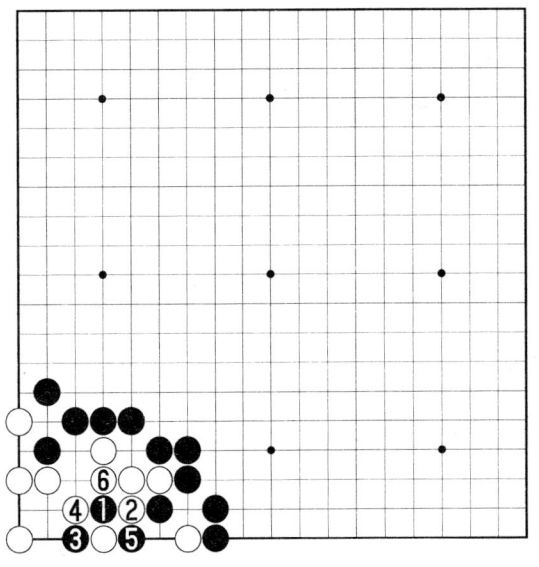

3图 失败

黑1靠，白2冲必然，至白6，黑失败。

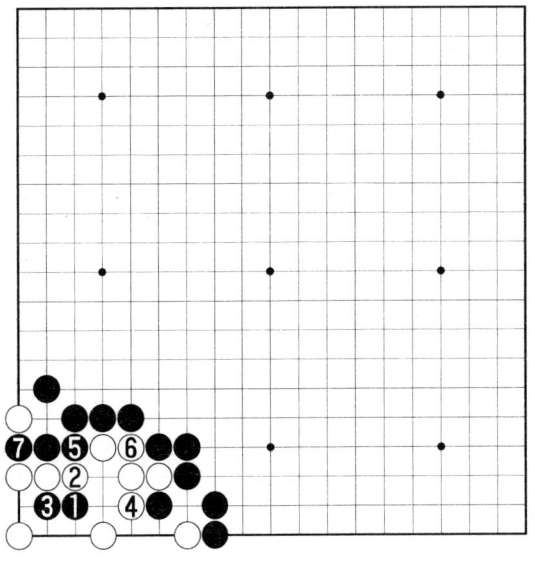

4图 正解

黑1是急所，白2挡，黑3冲，白4扩大眼位，黑5、7好棋，白净死。

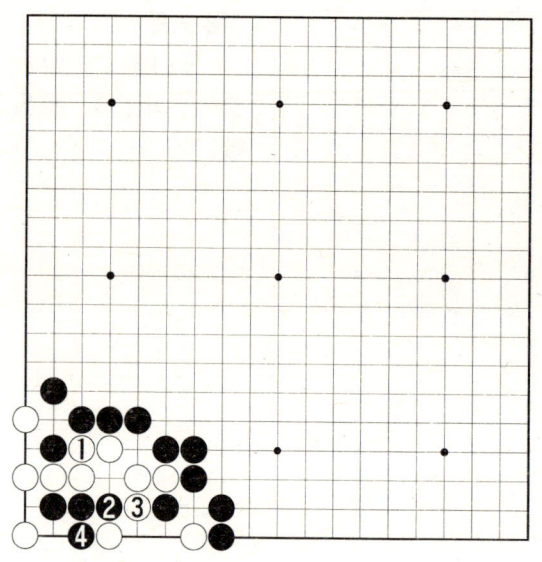

5图 白无用的挣扎

4图中的白3若如本图白1挤,黑2冲,4打,白仍是净死。

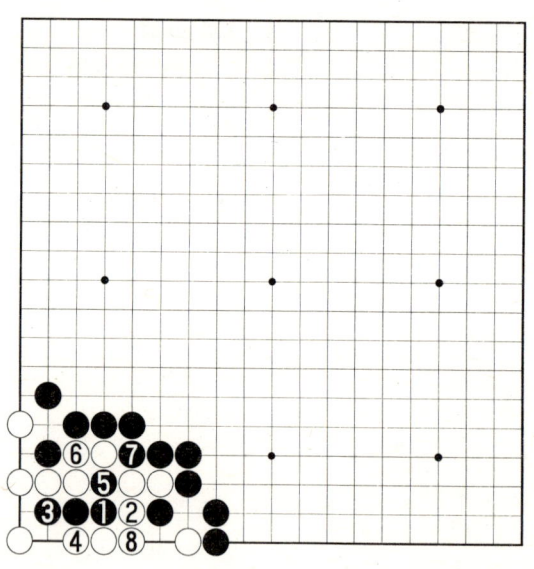

6图 黑两边不入气

4图的黑3若是急着先黑1冲的话,白2挡,黑3往里冲时白4爬,至白8,黑两边不入气,失败。

16. 勿盈满 （黑先）

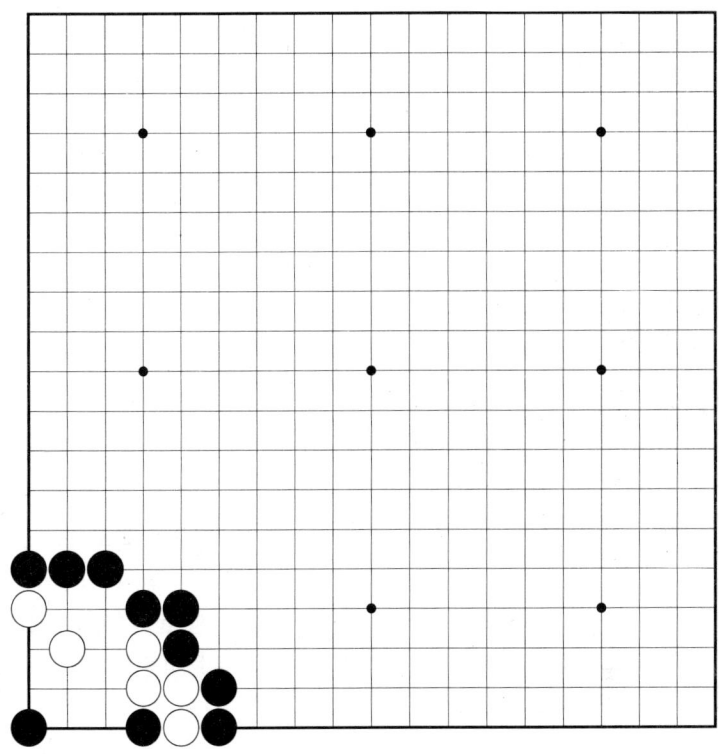

　　花看半开，酒饮微醺，大有佳趣。若至烂漫酕醄，便成恶境。履盈满者，宜思之。

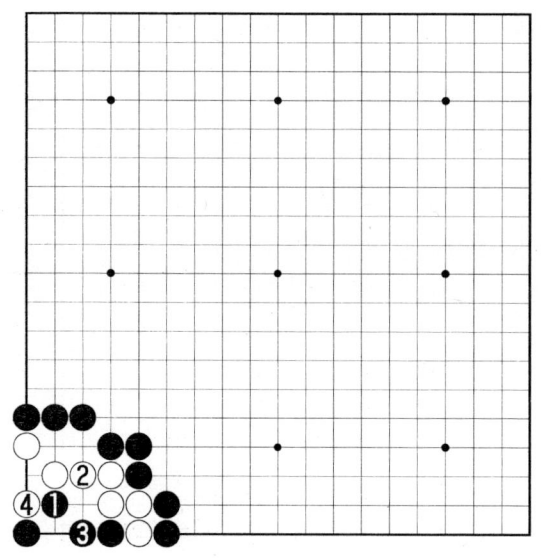

1图 只凭感觉

　　一眼看去，黑1尖，白2接，黑3长，白4扑，形成打劫，黑失败。

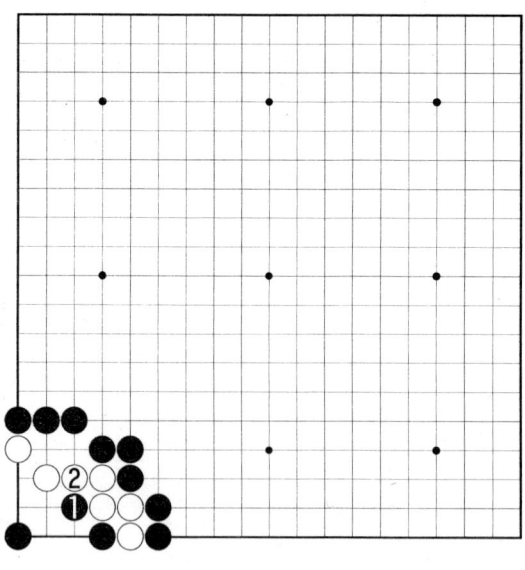

2图 太简单了

　　如果只是简单地黑1打吃，白2接上简单做活。

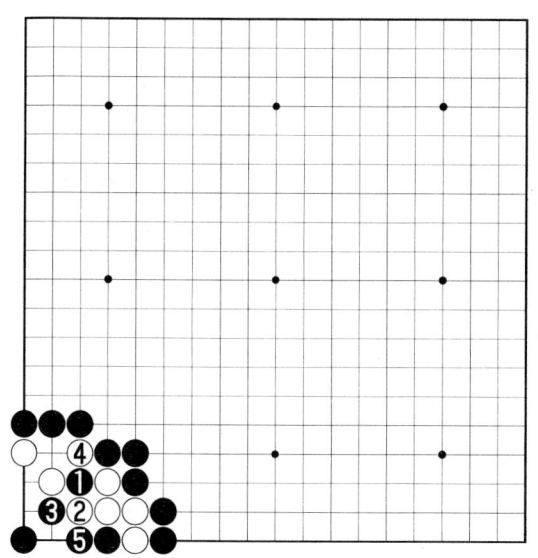

3图 性急

黑1挖，3打吃是好手，白4提时，黑5先爬太性急了……

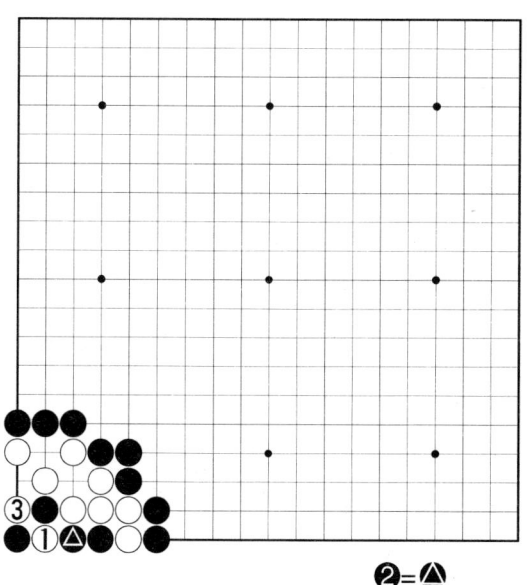

4图 劫

接上图，白1提，黑2时白3扑，形成劫争。

②=▲

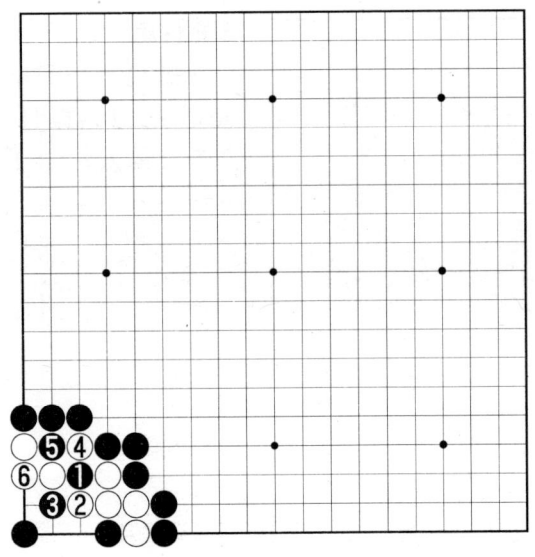

5图 正解

再次强调,黑1、3是好次序。黑5冷静地打吃,白6接……

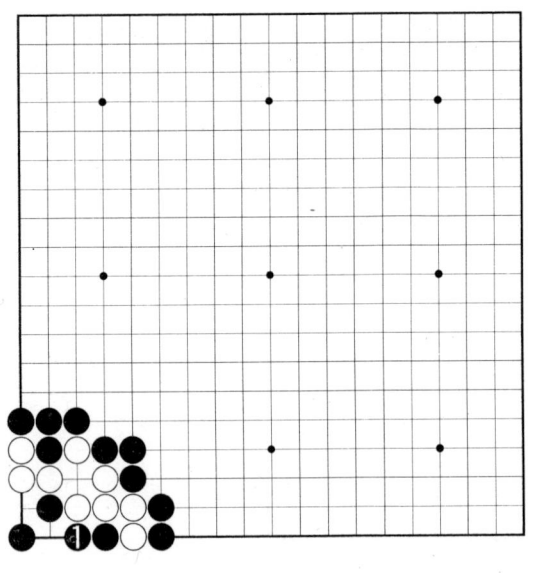

6图 续上图

黑1爬绝妙,白遭净杀。

17. 无我之境（黑先）

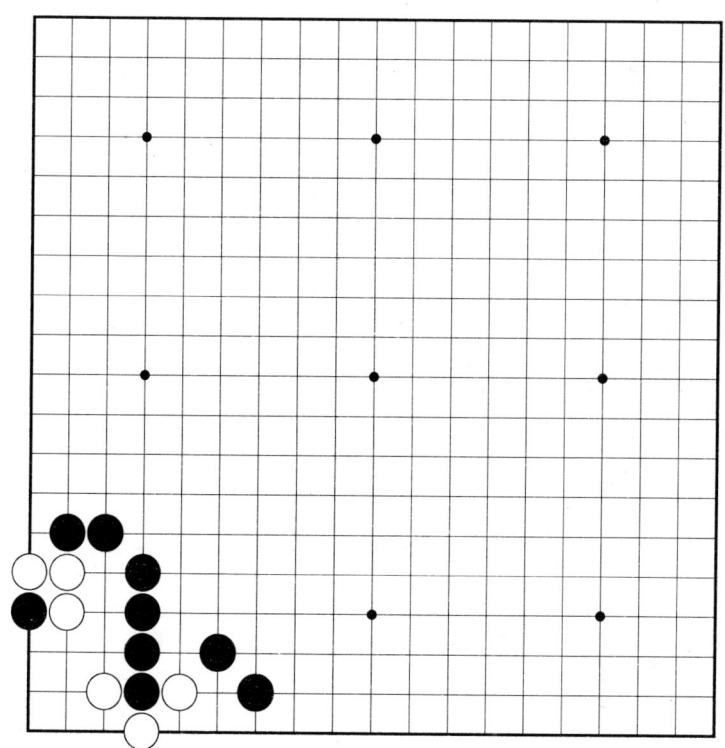

　　损之又损，栽花种竹，尽交还乌有先生；忘无可忘，焚香煮茗，总不问白衣童子。

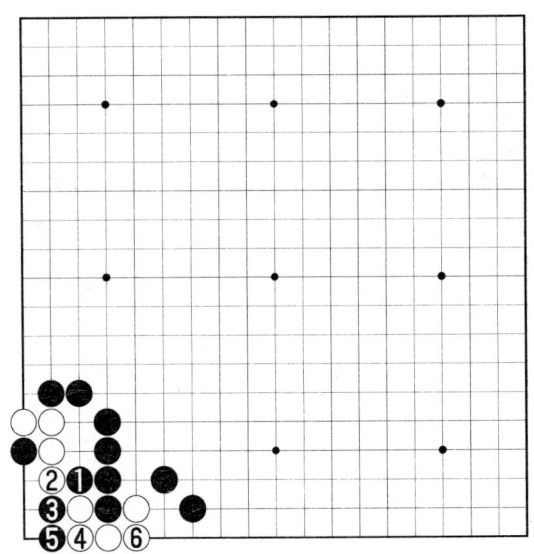

1图 气不够

黑1简单地冲是不行的,至白6,黑气不足而失败。

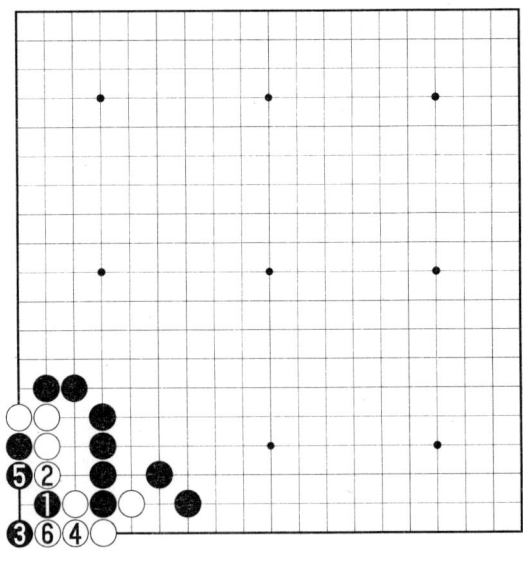

2图 失败

黑1夹,3尖是好想法,但白4接冷静,至白6打吃,黑仍失败。

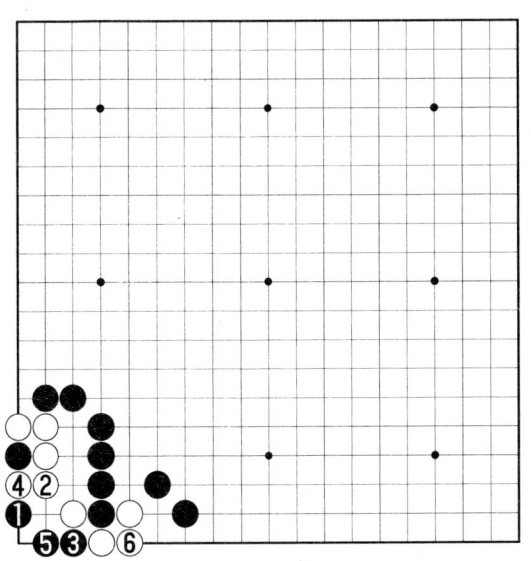

3图 慢一气

黑1点,白2退,至白6,黑慢一气。

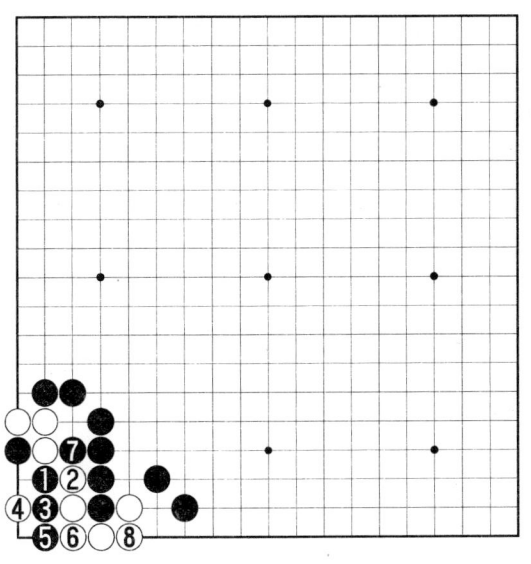

4图 强烈的夹

黑1扳,3挡时,白4夹是强手,至白8,黑还是差一气。

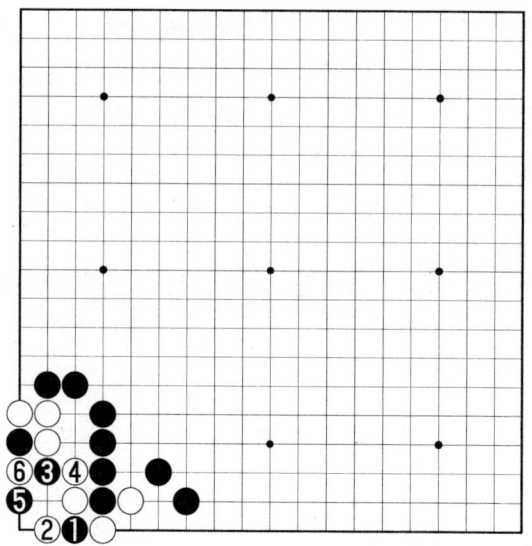

5图 正解

黑1扑是好手，白2提是最强应手，但黑3扳后5做劫是正解。

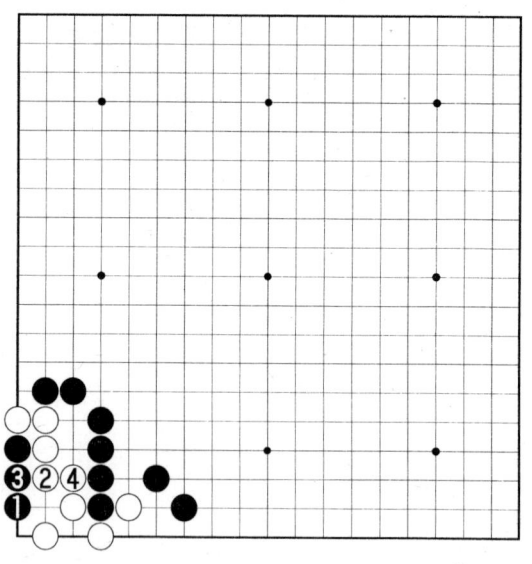

6图 失误

黑1先点，次序错误，白2退、4团形成双活。

18. 质朴与疏狂 (黑先)

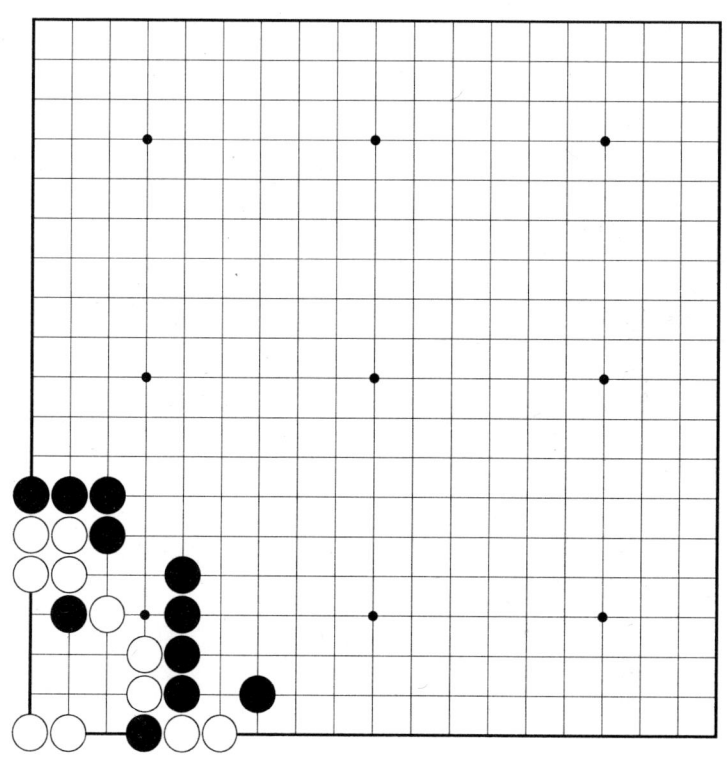

浸世浅,点染亦浅;历事深,机械亦深。故君子,与其练达,不若朴鲁;与其曲谨,不若疏狂。

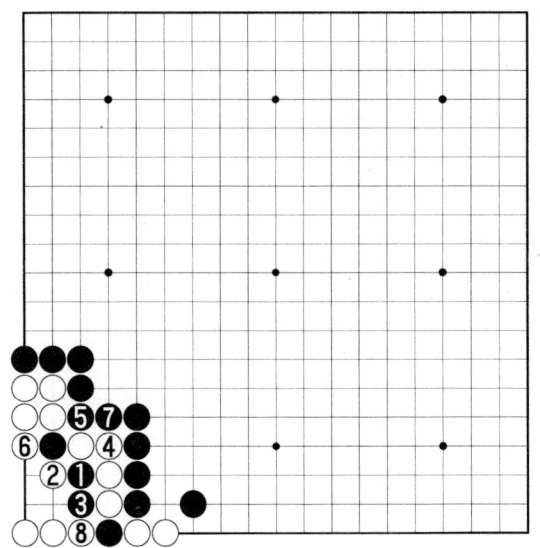

1图 黑的错觉

黑1是容易产生错觉的一手，白2吃时看起来是接不归的样子，但至白8提，什么都没有，黑失败。

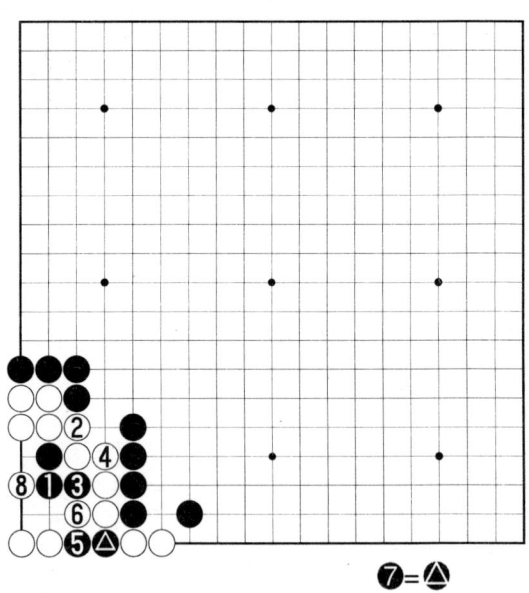

2图 见合

黑1长、3挤，白4接时黑5多送吃一子，至白8形成双活，黑失败。

❼=▲

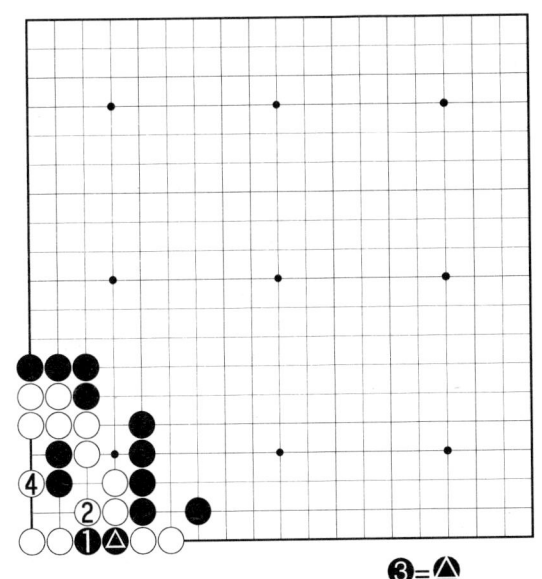

3图 还是一样

黑1先多送吃一子,至白4还是一样的结果。

❸=▲

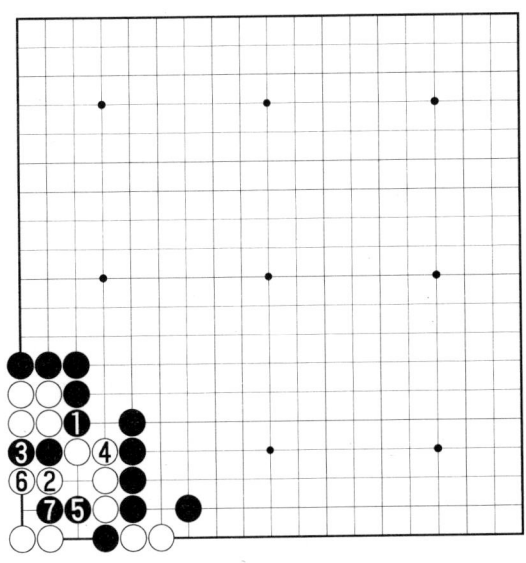

4图 正解

黑1断吃是正解,白2打吃,4团时黑5扳很重要,白6挡时,黑7冲……

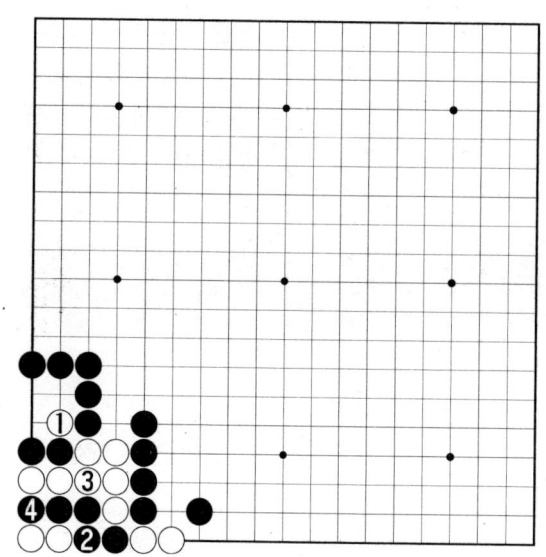

5图 接上图

白1吃，黑2接，白差一气被杀。

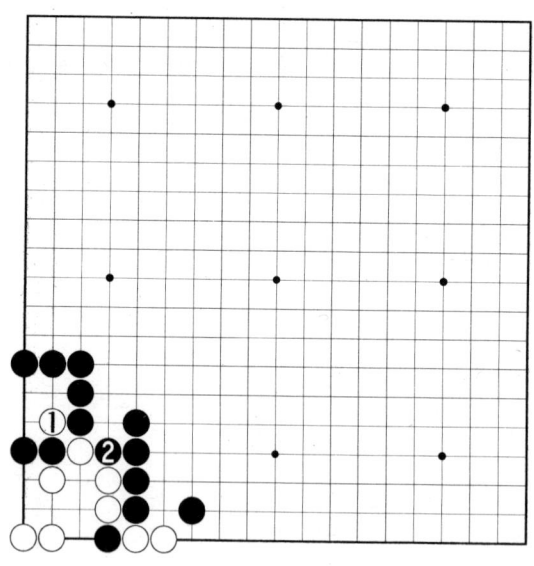

6图 变化

变换一下顺序，白1先断，黑2打吃，白简单不行。

19. 念与忘（黑先）

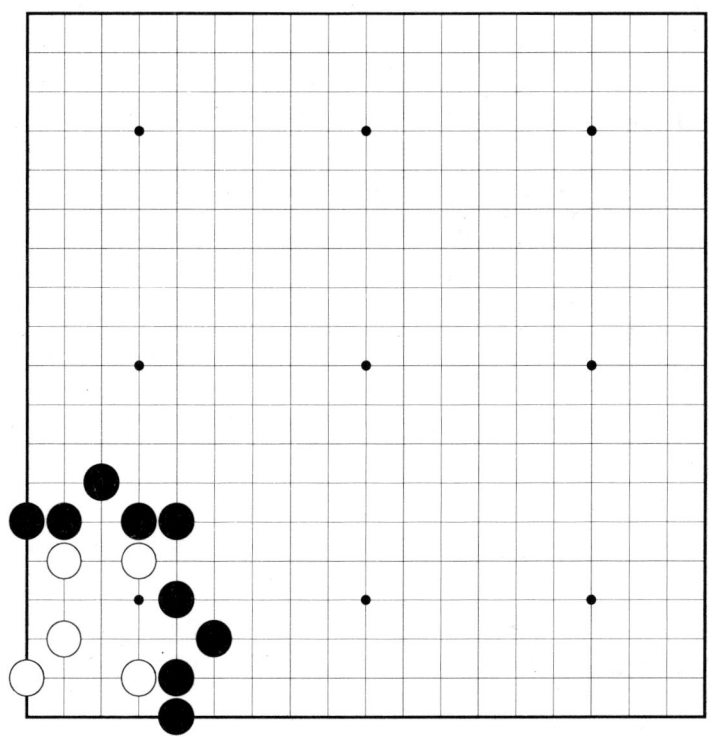

我有功于人，不可念，而过则不可不念；人有恩于我，不可忘，而怨则不可不忘。

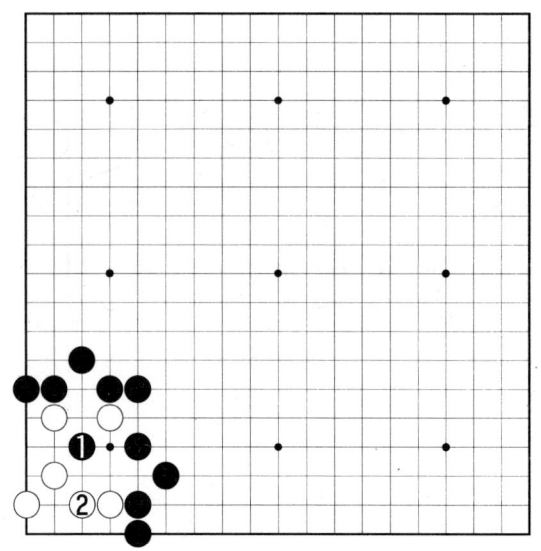

1图 简单成活

黑1跳,白2并,简单做活了。

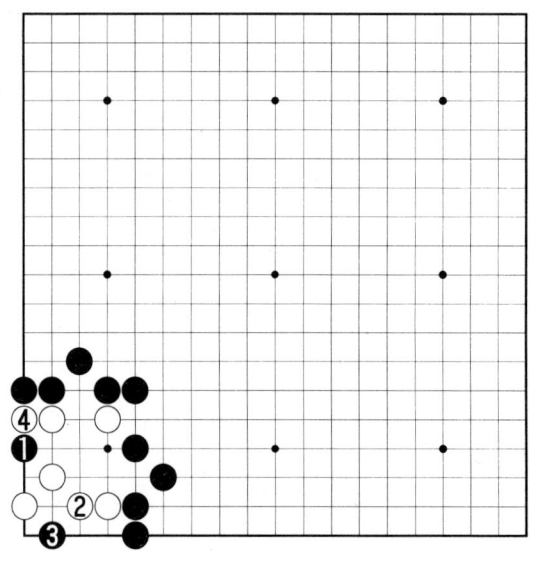

2图 荒唐的方向Ⅰ

黑1跳,白2还是并,白4挡,黑仍失败。

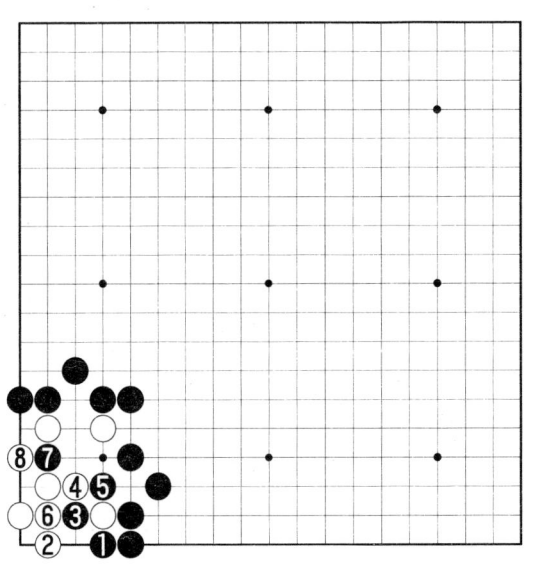

3图 荒唐的方向Ⅱ

黑1拐,白2做眼,至白8还是轻松做活了。

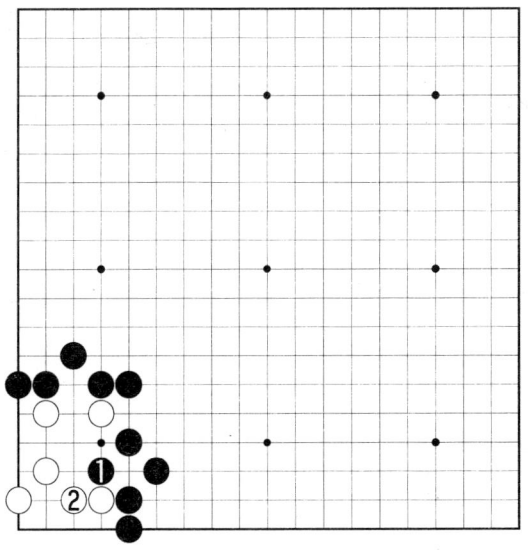

4图 还是失败

黑1虎,白2退,黑还是没办法。

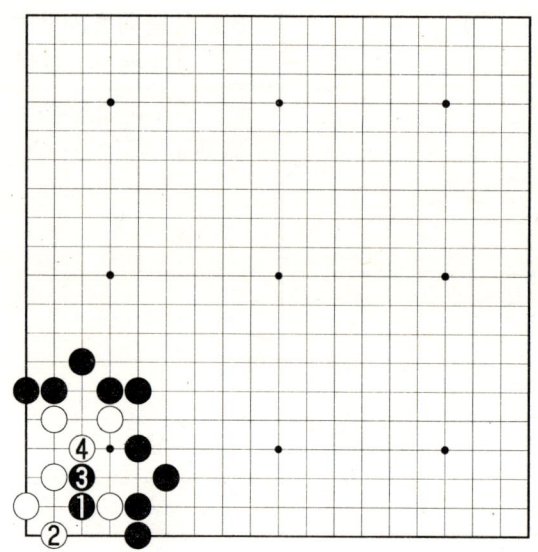

5图 白谨慎应对

黑1夹，经过计算的一手，但白2做眼是谨慎的好手，黑3冲，白4挡后成净活。

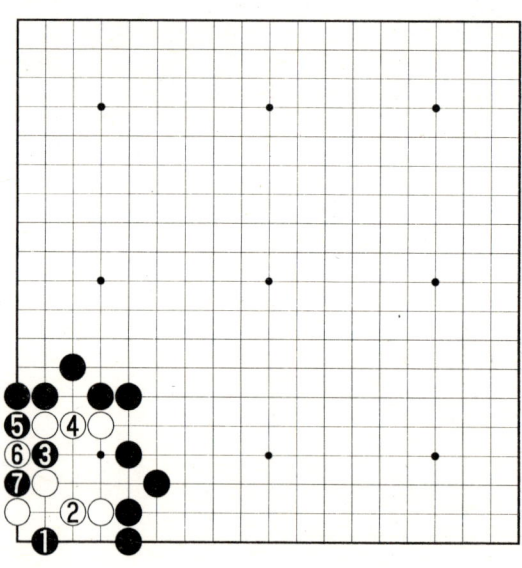

6图 正解

黑1点，漂亮的一手，急所，白2并时，黑3挖绝妙，至黑7形成劫争。

20. 图与悔（黑先）

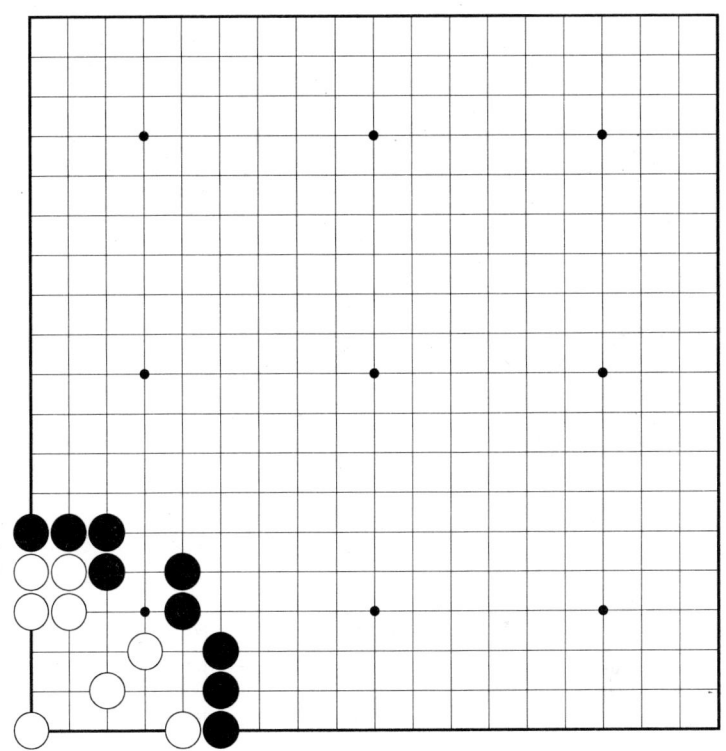

　　图未就之功，不如保已成之业；悔既往之失，不如防将来之非。

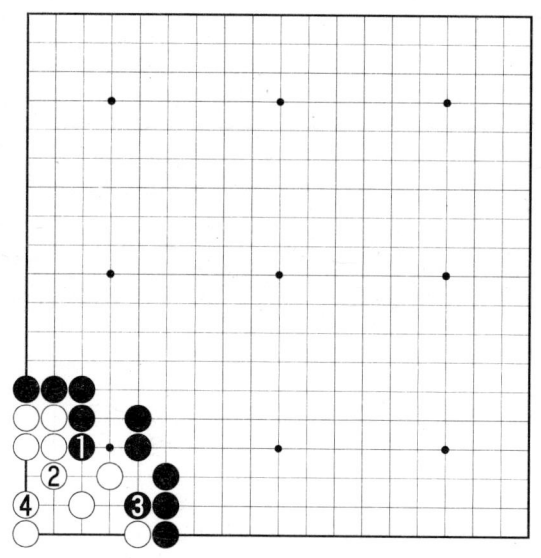

1图 简单失败

单纯地黑1冲，白2退，黑3打吃时，白4简单做眼就活了。

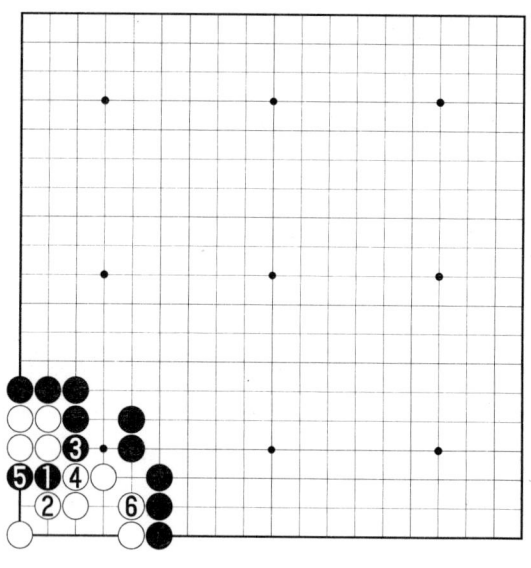

2图 弃子求活

黑1靠是个急所，但白2夹，弃掉白四子，至白6，黑仍失败。

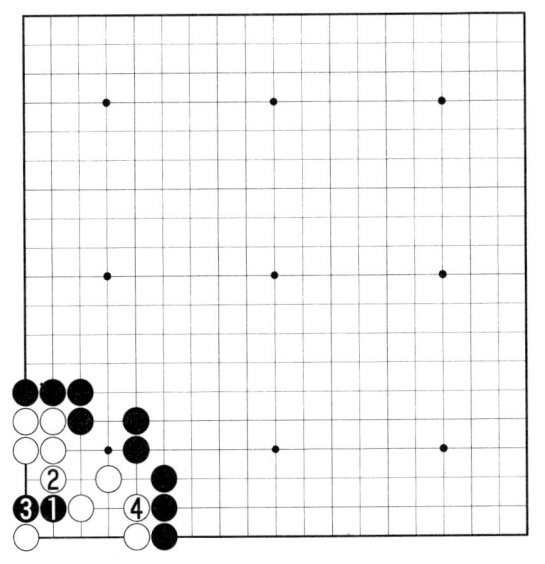

3图 白谨慎

黑1也是急所，黑3时白4是谨慎的好手，这说明黑的计算还不够深入。

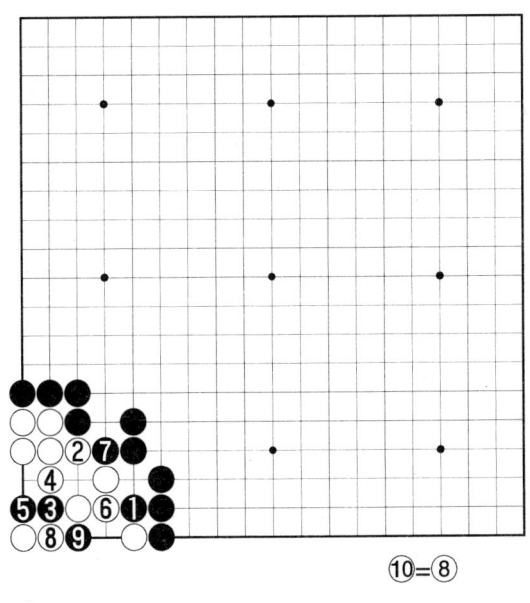

4图 正解

黑1打吃是好手，白2挡时，黑3和黑5是要紧的手顺，白6至10以下……

⑩=⑧

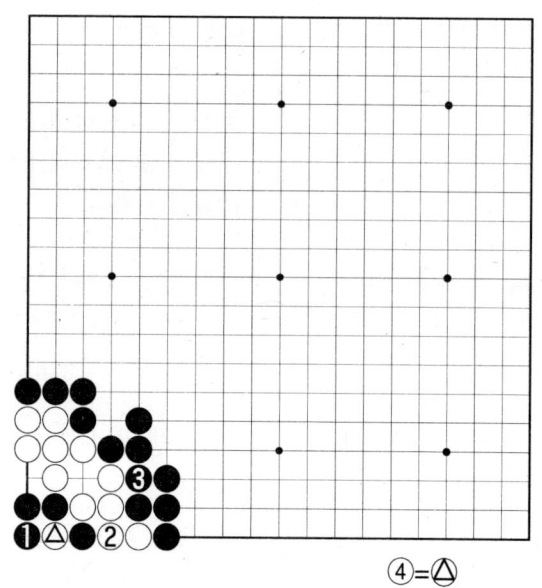

5图 劫活

黑1提，3打吃，形成劫争。

④=△

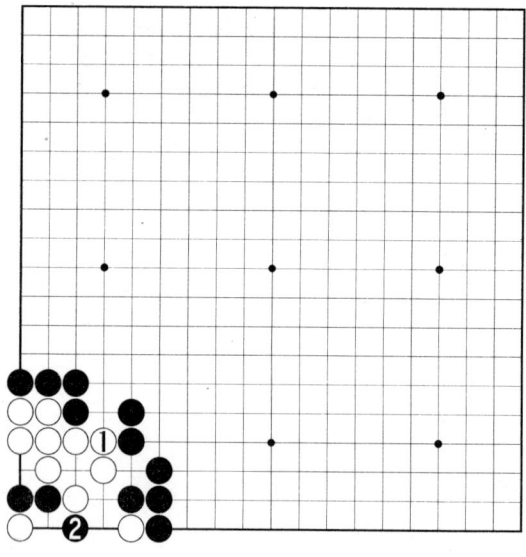

6图 渡过

4图中白6若如本图白1团，黑2扳渡过，白已净死。

21. 心与才（黑先）

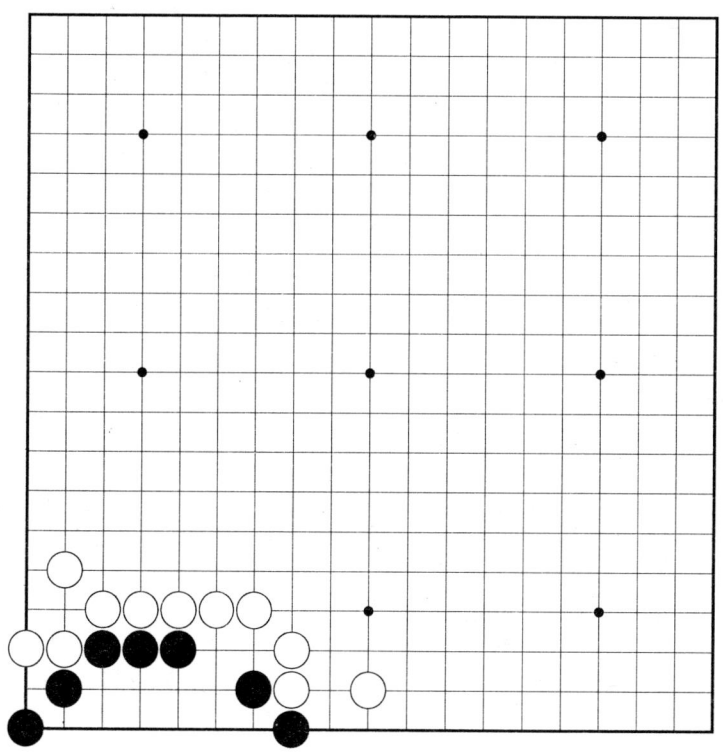

　　君子之心思，青天白日，不可使人不知；君子之才华，玉韫珠藏，不可使人易知。

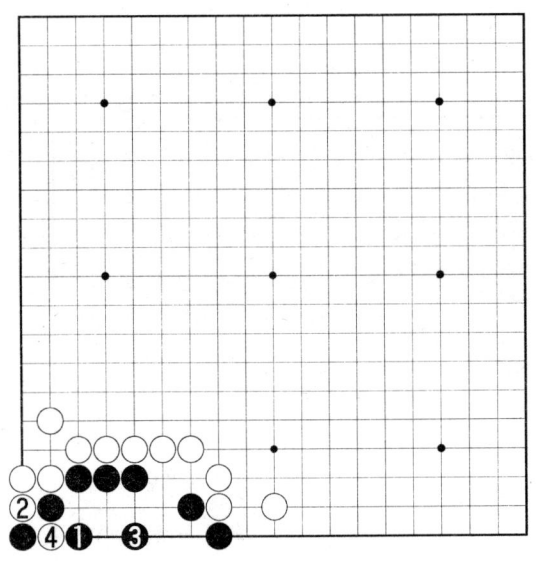

1图 打劫，黑失败

黑1虎，3跳形成劫争，不过打劫并不成功。

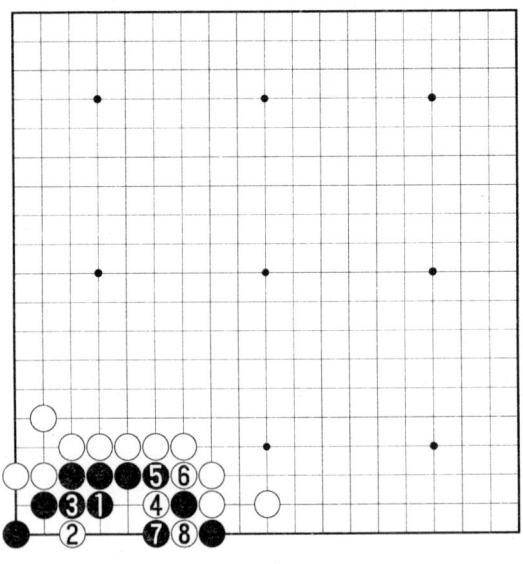

2图 还是打劫

黑1虎另一边，白2点、4夹，还是形成打劫。

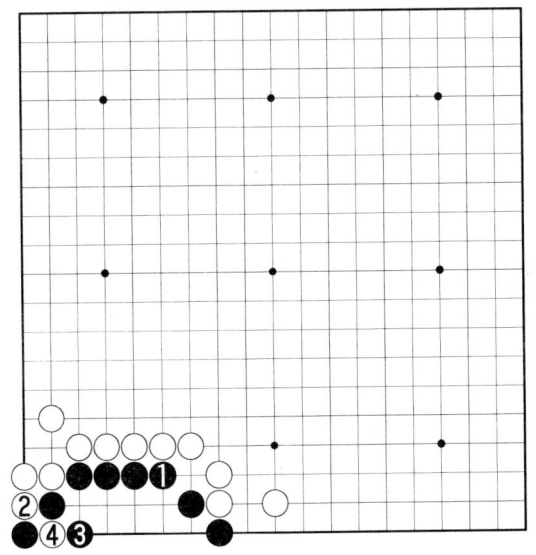

3图 仍是劫

黑1贴,白2冷静地打,黑还是劫活。

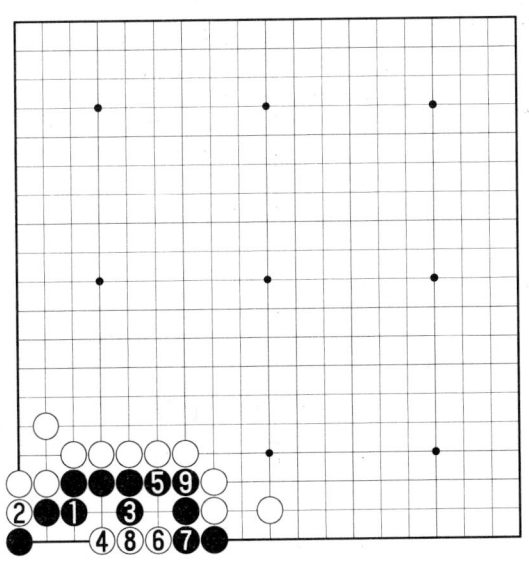

4图 正解

黑1冷静地接是妙手,白2打吃,黑3弯又是好棋,至黑9形成双活。

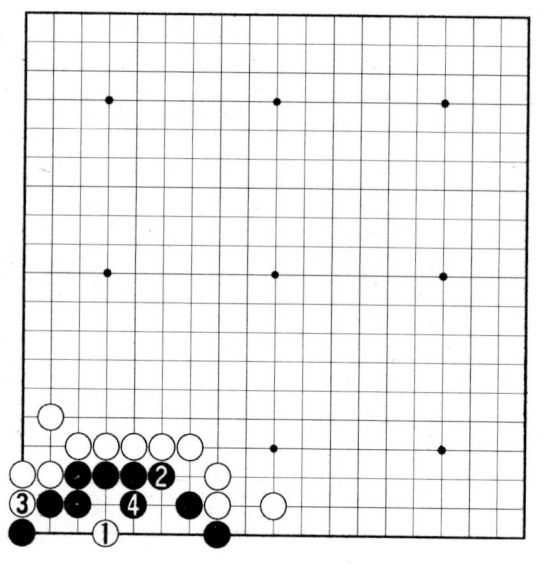

5图 变化Ⅰ

白1先点,黑2贴,至黑4还是双活。

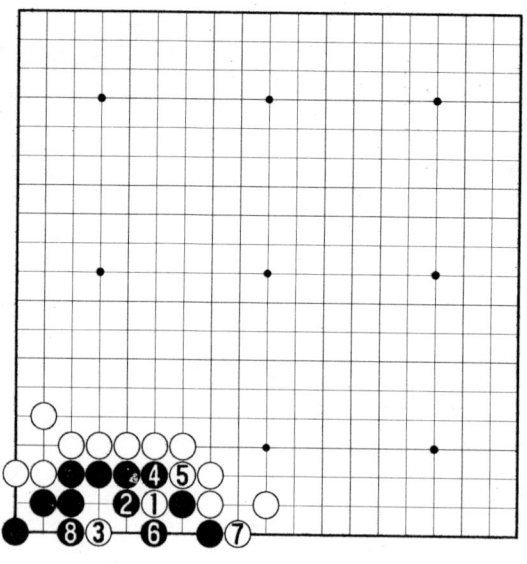

6图 变化Ⅱ

白1夹、3点,至黑8还是成活了。

22. 利与德（黑先）

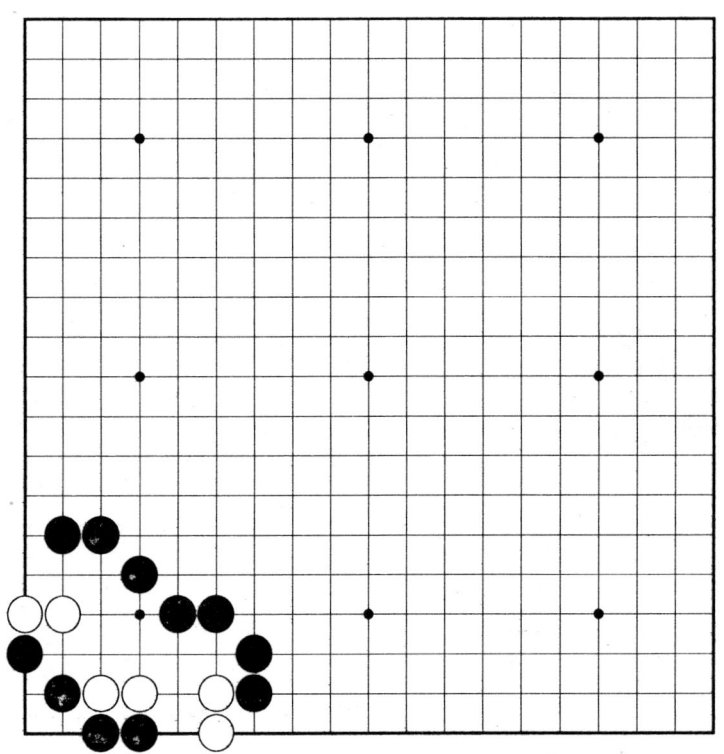

　　宠利，毋居人前；德业，毋落人后。受亨，毋逾分外；修为，毋减分中。

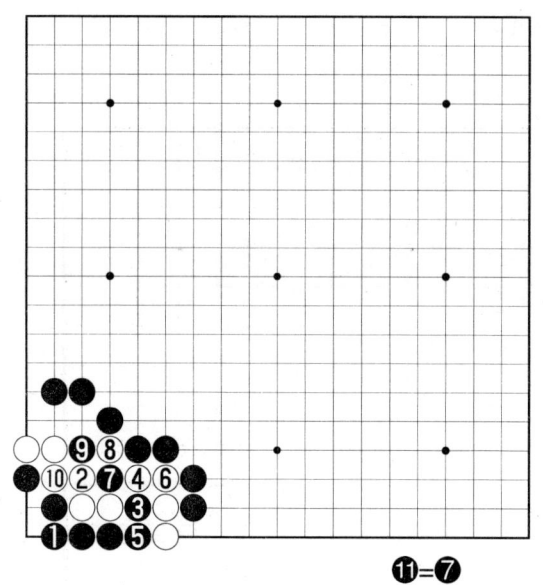

1图 劫争

黑1接，白2弯，黑3挖，至白8形成劫争。

⑪=⑦

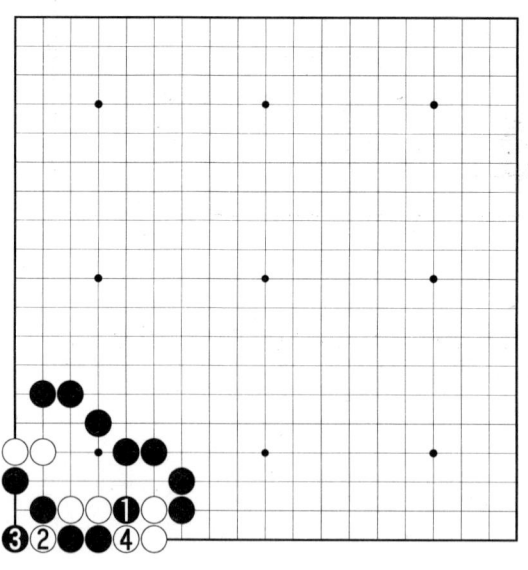

2图 埋伏好的"扑"

单纯地黑1挖，白2扑是准备好了的手筋，白4断吃，接下来……

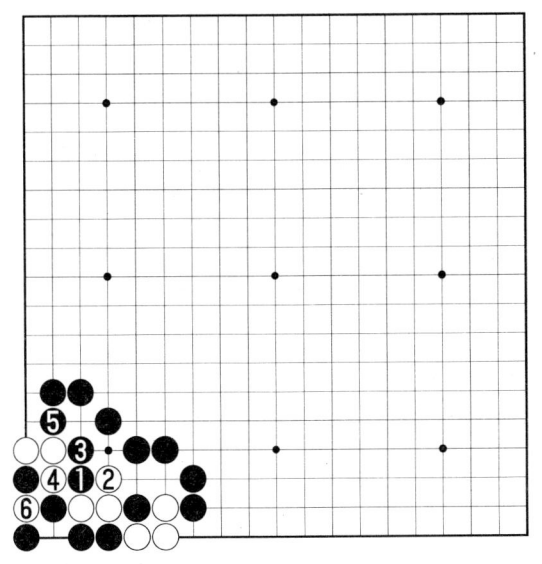

3 图 仍是失败

黑1扳出,黑3退以下至白6止形成打劫,黑仍失败。

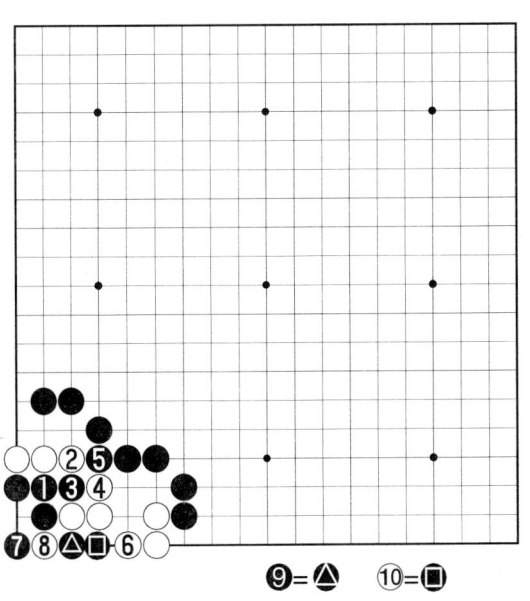

4 图 缓气劫

黑1团,至黑5分断白棋,白6以下至白10形成缓气劫,黑失败。

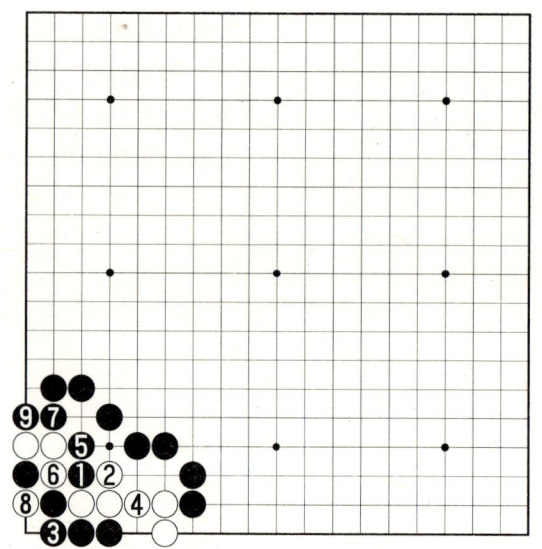

5图 正解

黑1扳、3接是十分重要的次序,白4接,黑5以下至黑9,白净死。

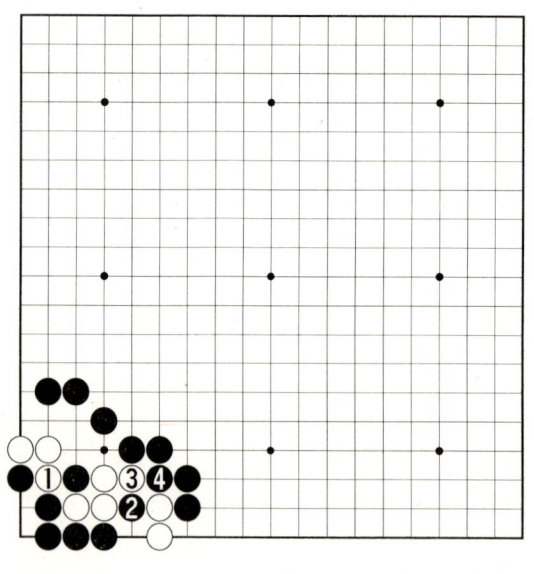

6图 接不归

白1断,黑2挖,至黑4,白接不归被杀。

23. 清与乐（黑先）

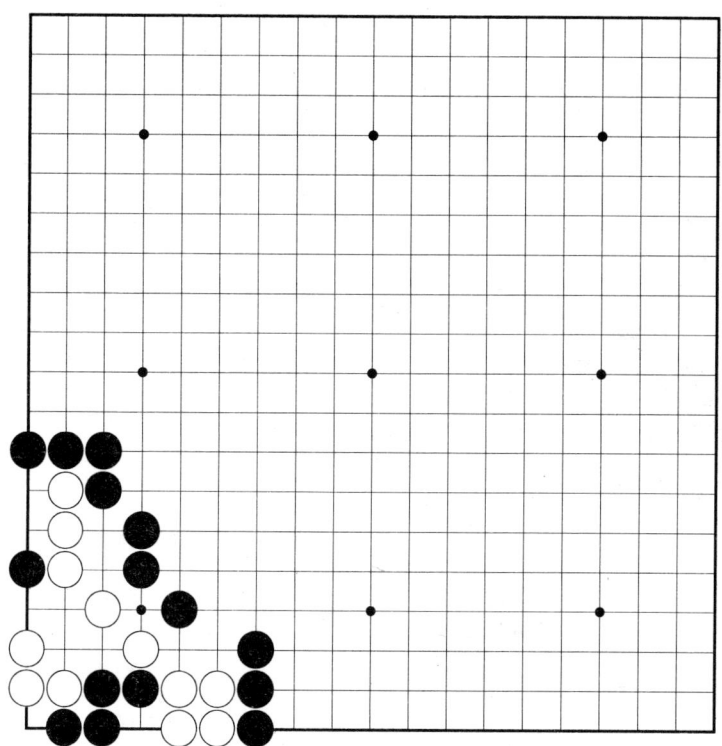

水不波则自定，鉴不翳则自明。故心无可清，去其混之者而清自现；乐不必寻，去其苦之者而乐者存。

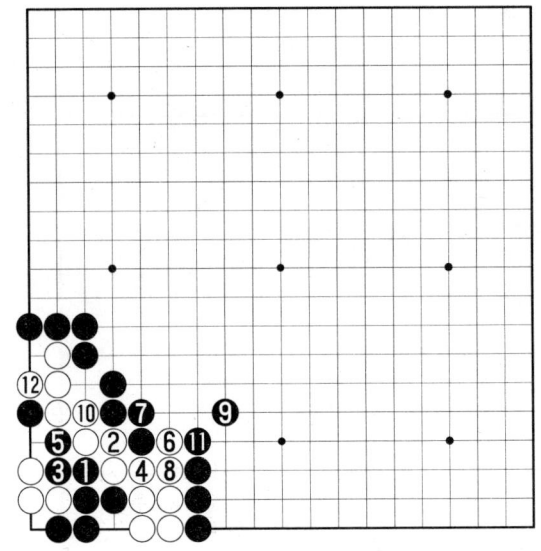

1图 平凡

黑1平凡地挤是第一感，2接时黑3、5吃住白三子，至白12对杀黑不够气。

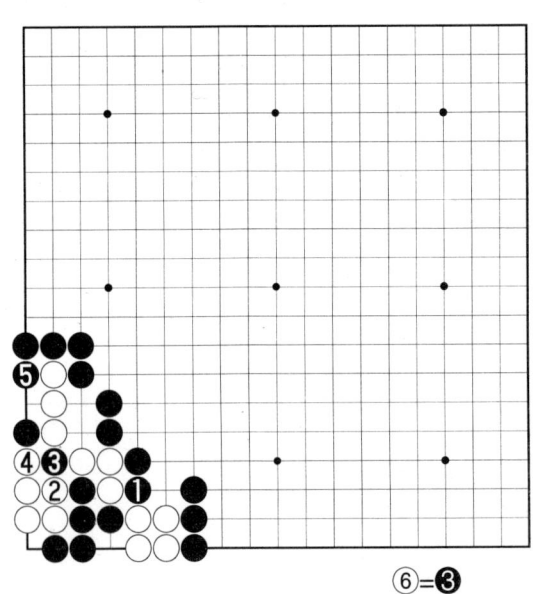

2图 "扑"的妙手

黑1断是急所，白2团，黑3扑是好手，白4提时黑5拐，白6接……

⑥=❸

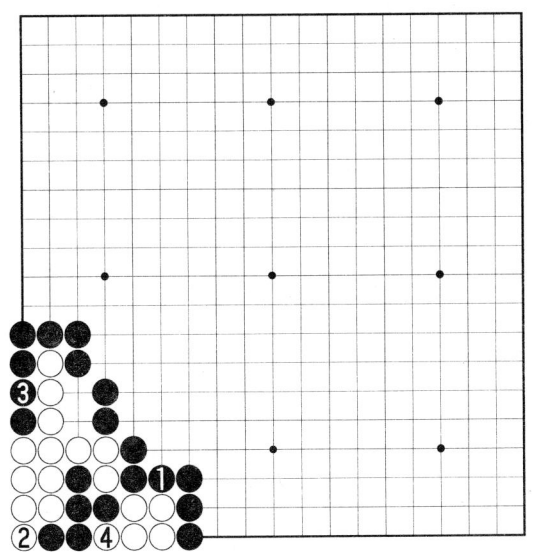

3图 继续 I

黑1打吃,白2时黑3顺其自然地接,白4提,接下来……

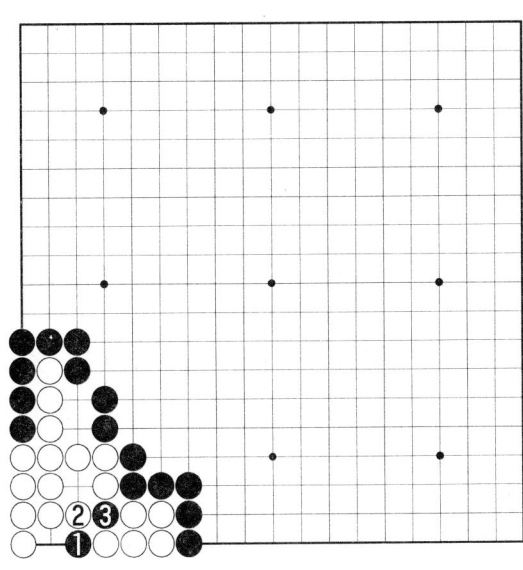

4图 继续 II

黑1打吃,白2挡是最强应手,黑3提白的"尾巴",但还留下一个"小尾巴"……

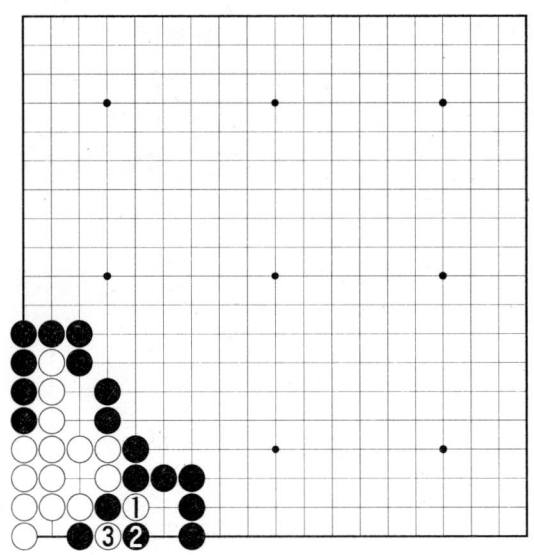

5图 打劫是正解

白1吃,黑2打吃,形成劫争。

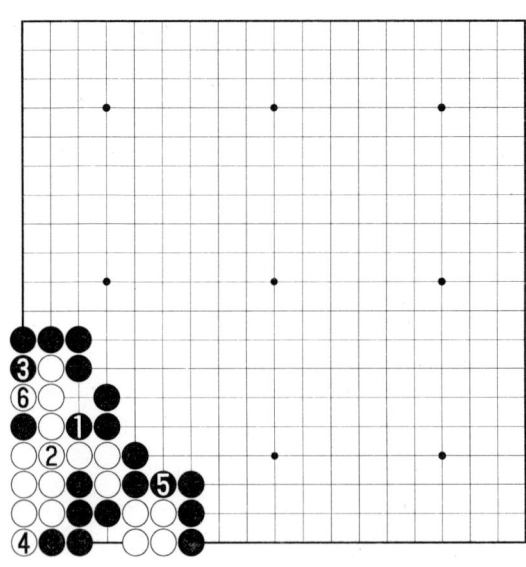

6图 次序错误

黑1先打吃次序错误,白2接,黑3拐时,白4收气,黑5打吃时白6提,黑失败。

24. 福与知（黑先）

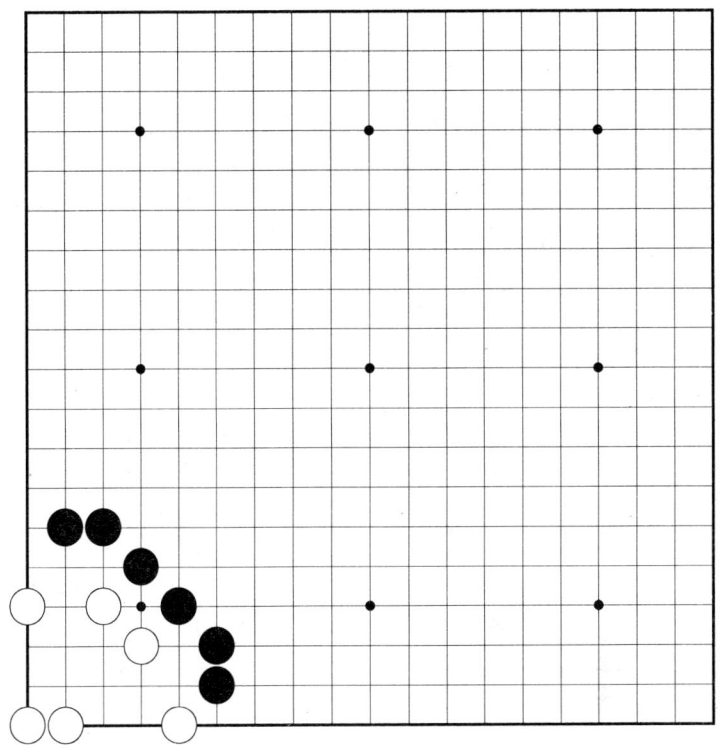

　　一苦一乐，相磨练，练极而成福者，其福始久；一疑一信，相参勘，勘极而成知者，其知始真。

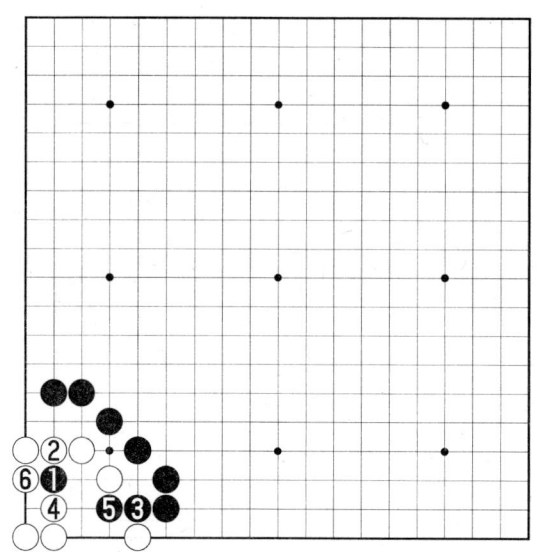

1图 白愉快地做活

黑1点看起来是急所；白2接，黑3冲时白4夹是好棋，至白6净活。

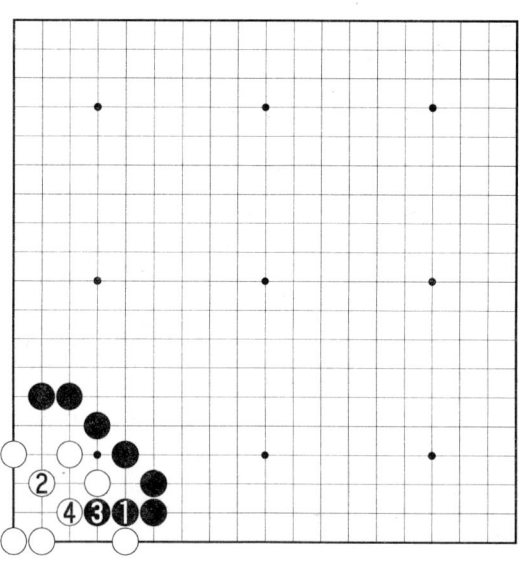

2图 见合

黑1单纯冲，白2虎好棋，至白4仍然轻松成活。

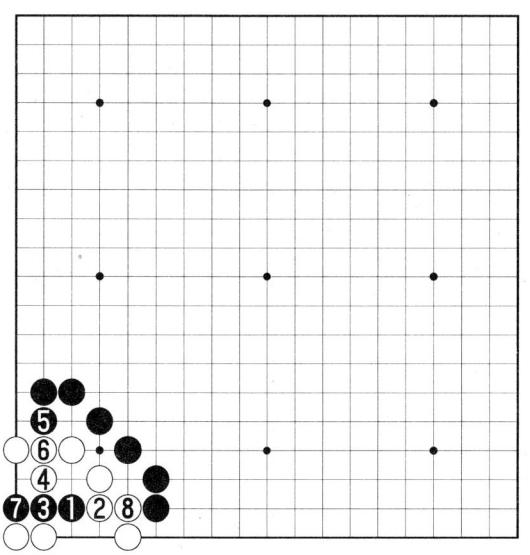

3图 荒唐的"点"

黑1点,白2挡,黑3长,白4以下至白8止,黑仍然失败。

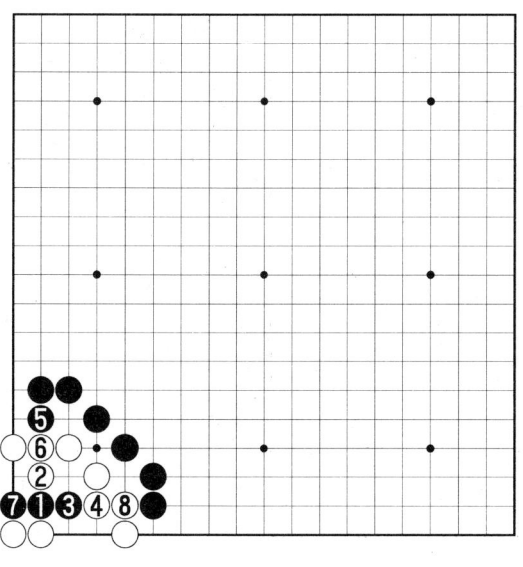

4图 一样

黑1变化一下顺序,白2以下至白8还是跟3图一样的结果。

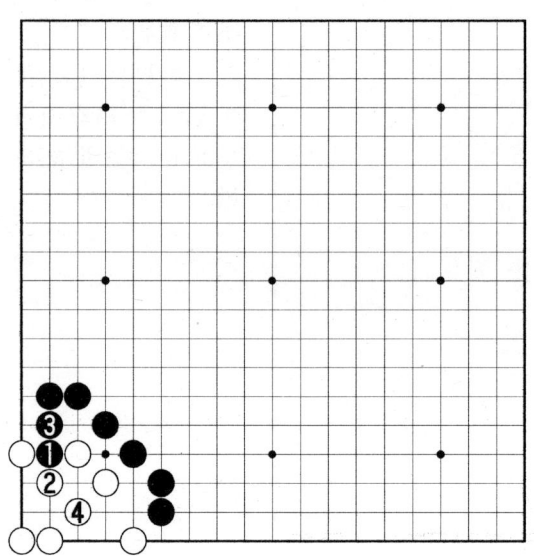

5图 白简单

黑1挖,白2挡,至白4简单成活。

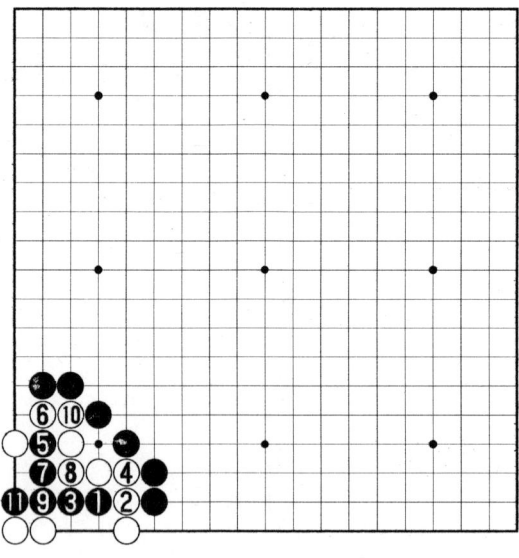

6图 正解

黑1靠是好棋,白2冲,黑3长以下至黑11,形成"有眼杀无眼"。

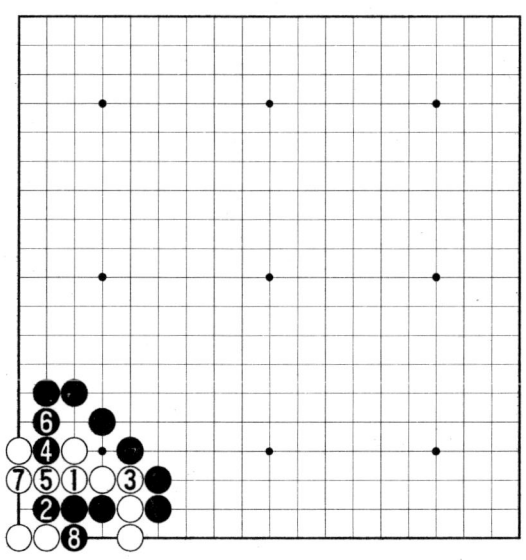

7图 变化Ⅰ

6图中白4不接，改为本图白1团，黑2长、4挖是好手，白净死。

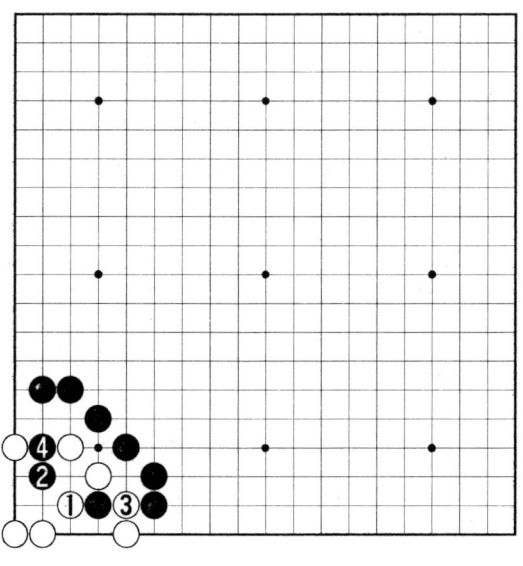

8图 变化Ⅱ

单纯地白1挡，黑2点，至黑4，白仍净死。

9图 白无用的挣扎

白1虎口，黑2长以下至黑6，白还是净死。

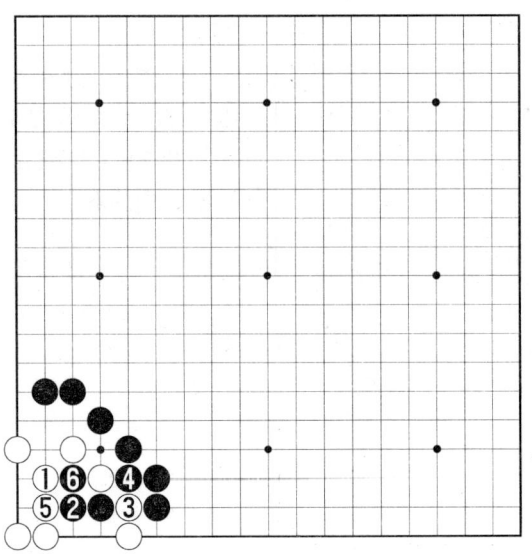

10图 黑的失误

黑1挤失误，白2虎、4爬，黑失败。

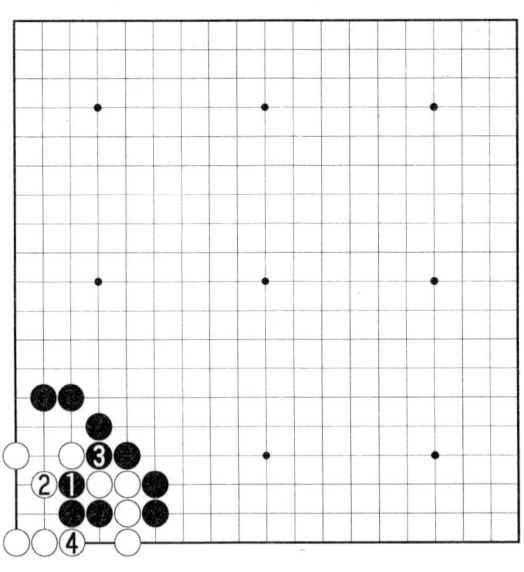

25. 物极则反（黑先）

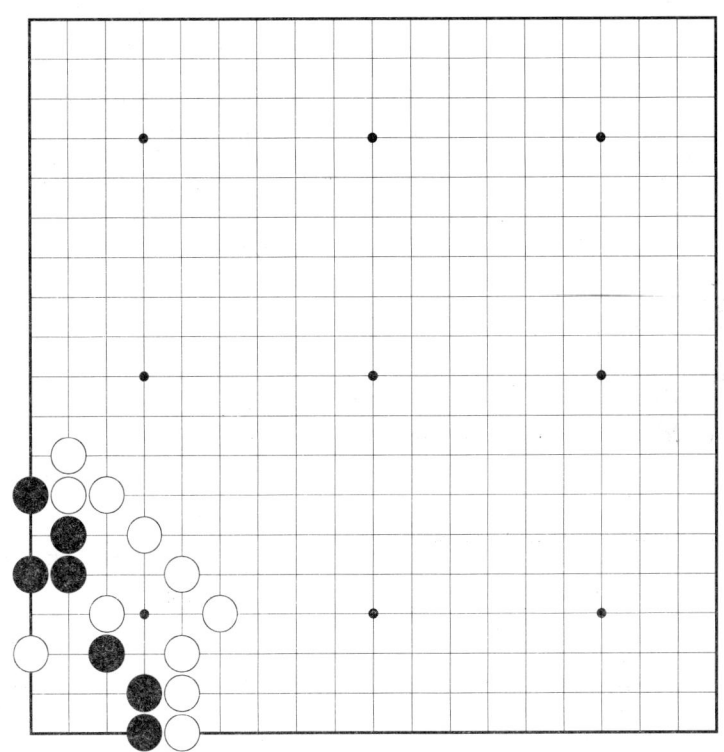

恩里，由来生害；故快意时，须早回头。败后，或反成功；故拂心处，莫便放手。

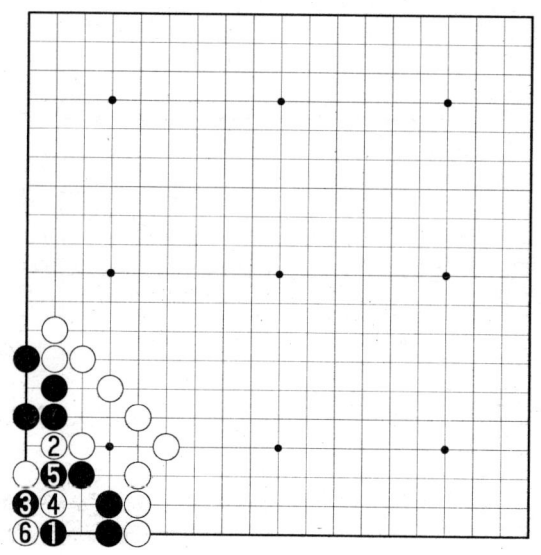

1图 荒唐的急所

黑1跳看似急所，实际上是荒唐的计算，白2连回后，至6形成劫争，黑失败。

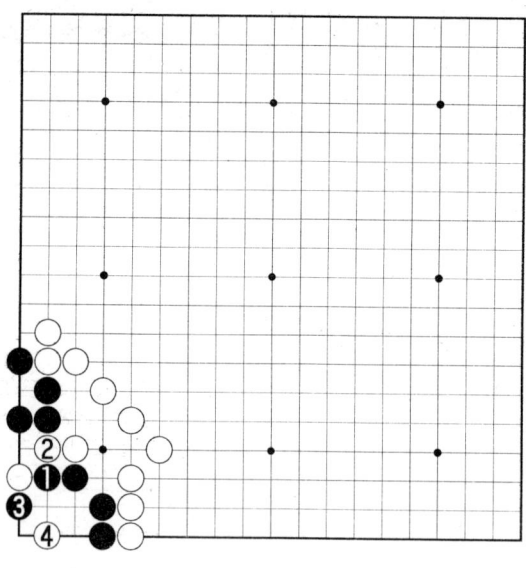

2图 白有"点"的好手

黑1顶也是没有经过深入计算所弈出的着法，白2冲，黑3挡时白4简单一点便将黑杀死。

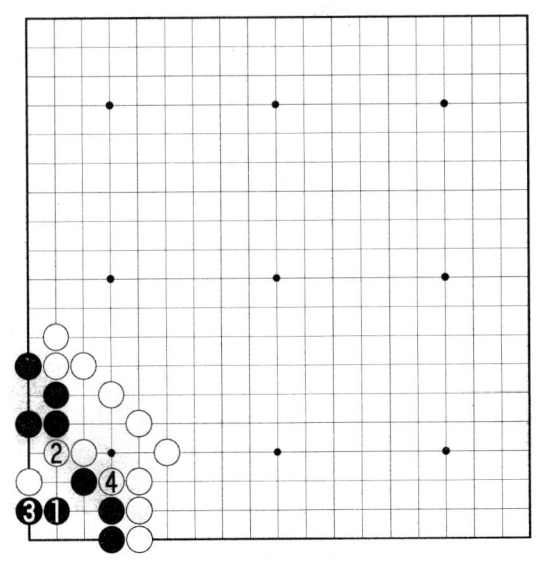

3图 计算尚浅

黑1、3像是活形,但白4挤,黑失败。

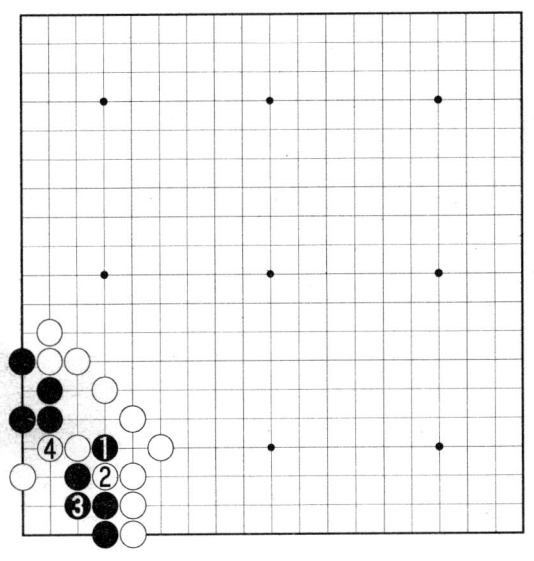

4图 黑无下一手

黑1扳,白2断,黑3接,白4退,黑仍无下一手。

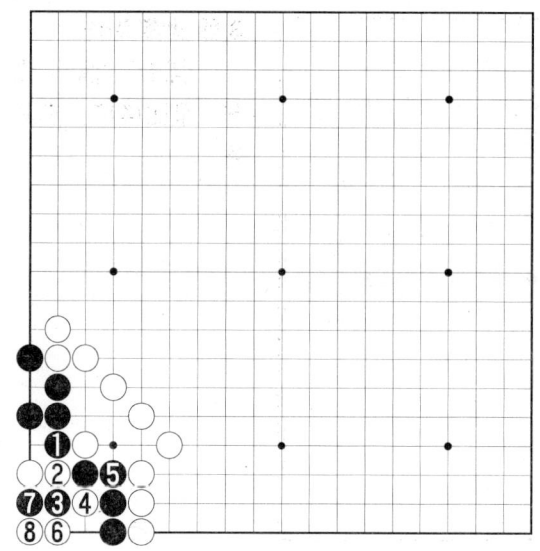

5图 正解

黑1是正解,白2、4、6是最强应手,黑7多送一子,绝妙!白8提,接下来……

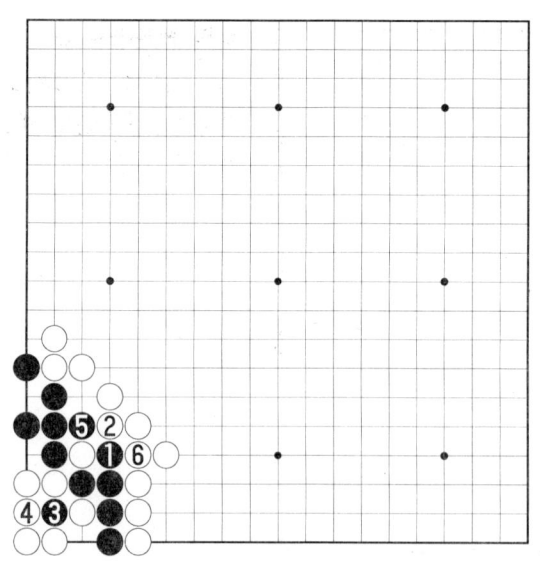

6图 "扑"的继续

黑1打,白2紧气是最强应手,黑3扑是正确手顺,白4、6像是对杀有利,但实际上……

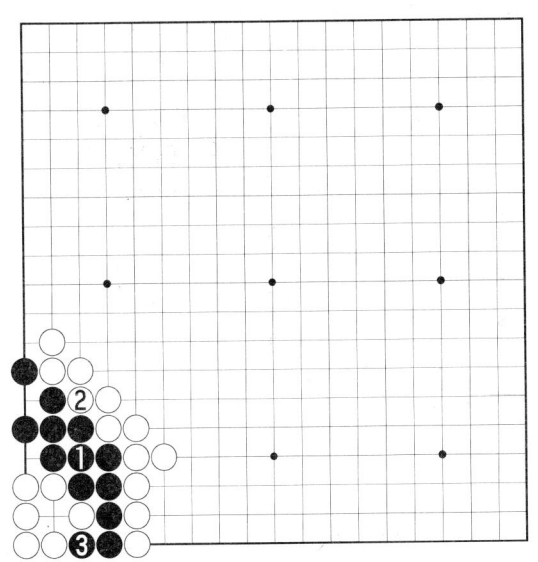

7图 连环劫，黑成活

黑1粘，冷静。白2紧气的话，黑3打吃，形成连环劫。

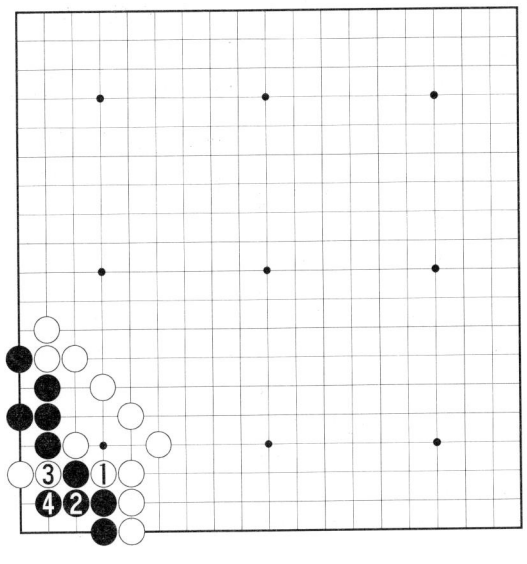

8图 有眼杀瞎

白1挤，黑2接，至黑4简单做活。

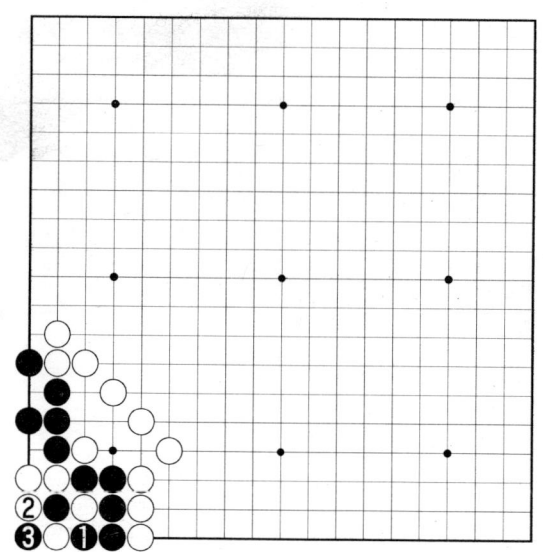

9图 想当然

黑方若不做深入计算,黑1提的话,白2打吃形成劫争,黑失败。

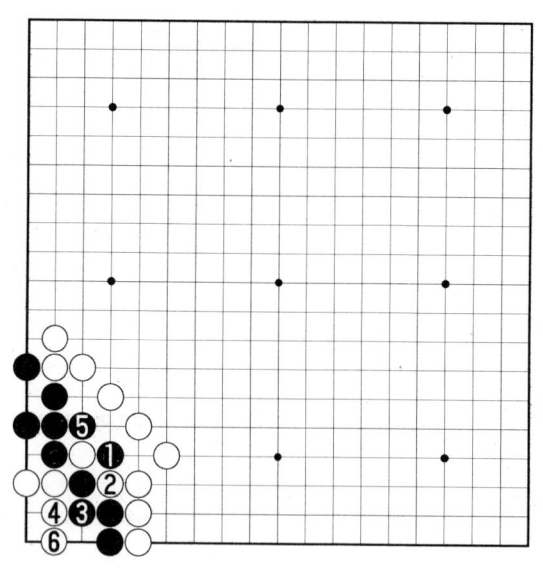

10图 有眼杀瞎

黑1先打吃,手顺错误,白2挤,以下至白6,形成"有眼杀瞎",黑失败。

26. 德·量·识（黑先）

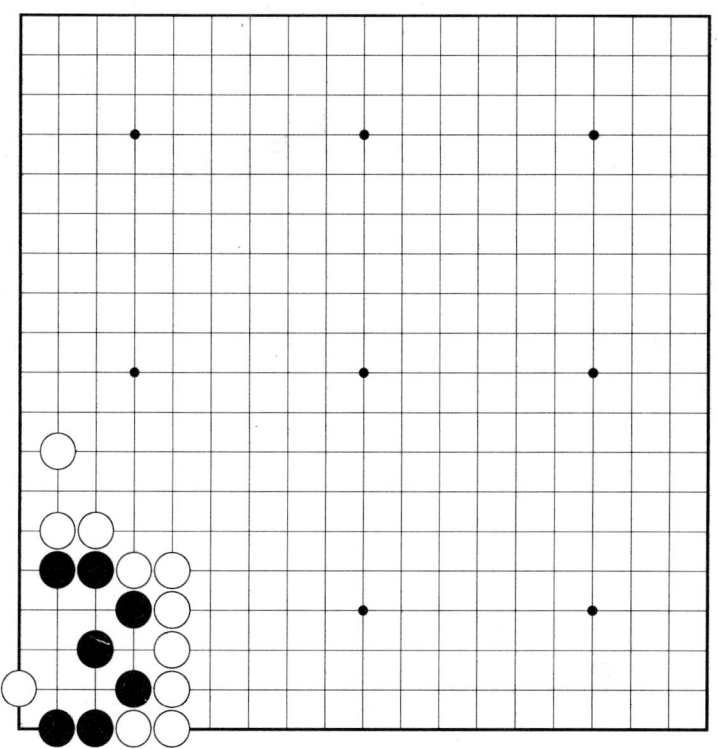

　　德随量进，量由识长，故欲厚其德，不可不弘其量，欲弘其量，不可不大其识。

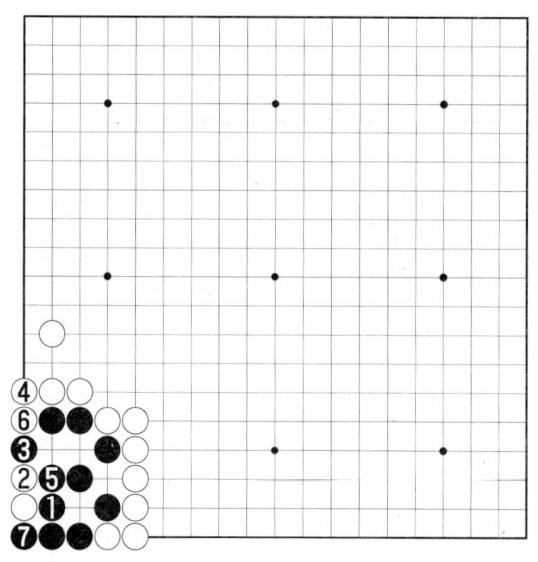

1图 考虑过浅

黑1挡,考虑得太浅了,白4立是好棋,黑5、7像是能做活,但实际上……

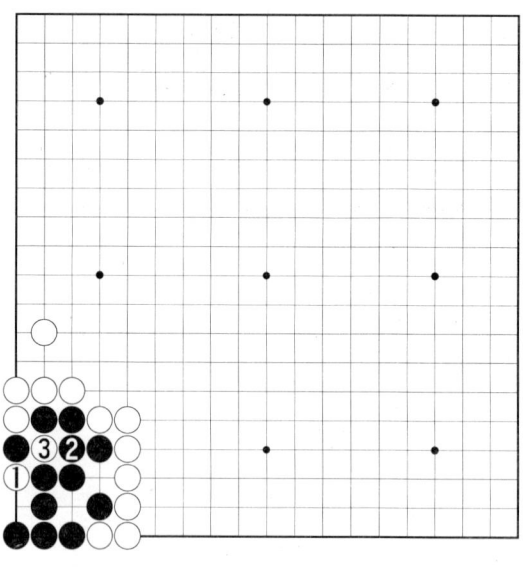

2图 打劫,黑失败

白1扑是妙手,黑2只能接,至白3形成劫争,黑失败。

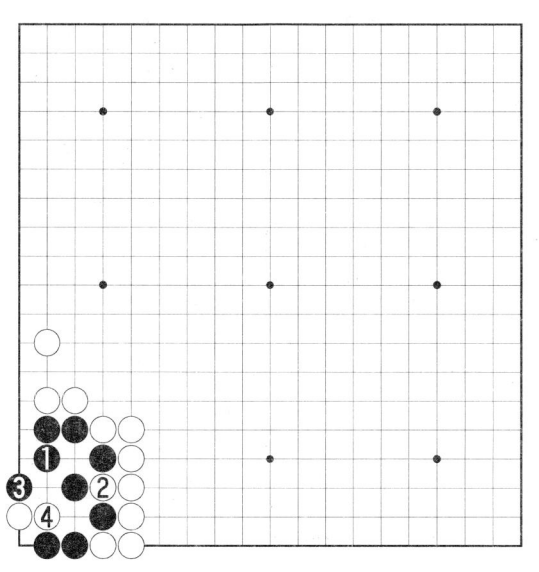

3图 黑束手无策

黑1弯，白2打吃，黑简单被杀。

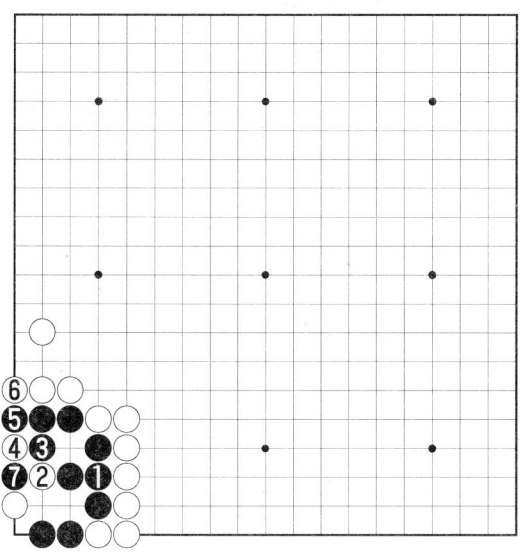

4图 白2，急所

黑1团，白2尖急所，至黑7形成劫争。

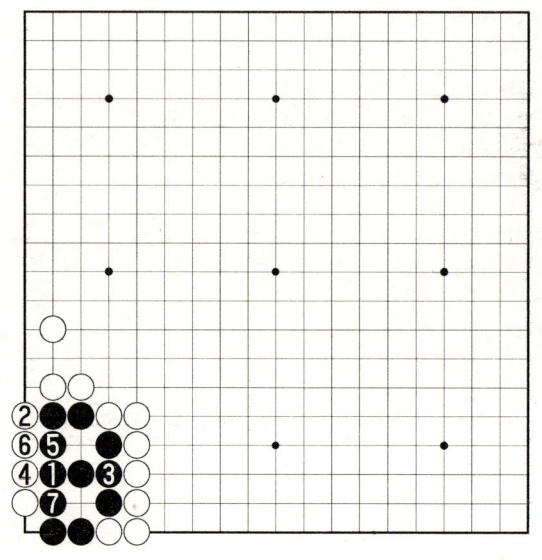

5图 正解

黑1并,"敌之要点即我之要点",白2扳,黑3团,至黑7,成功做活。

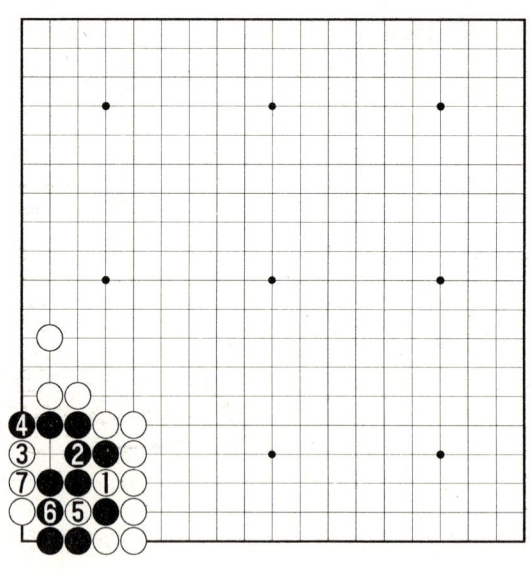

6图 双活

白1破眼,黑2粘冷静,至黑7形成双活。

27. 慧眼（黑先）

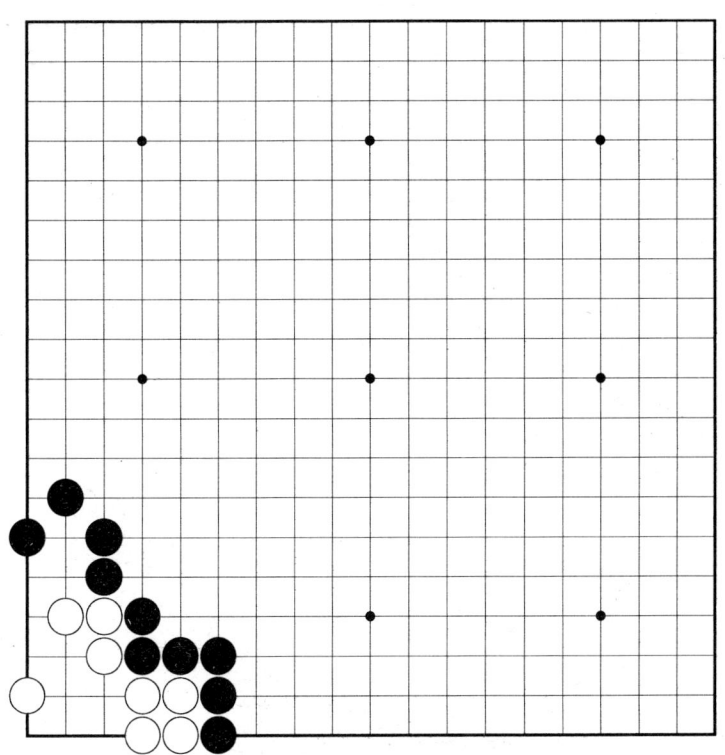

君子，宜净拭冷眼，慎勿轻动刚愎。

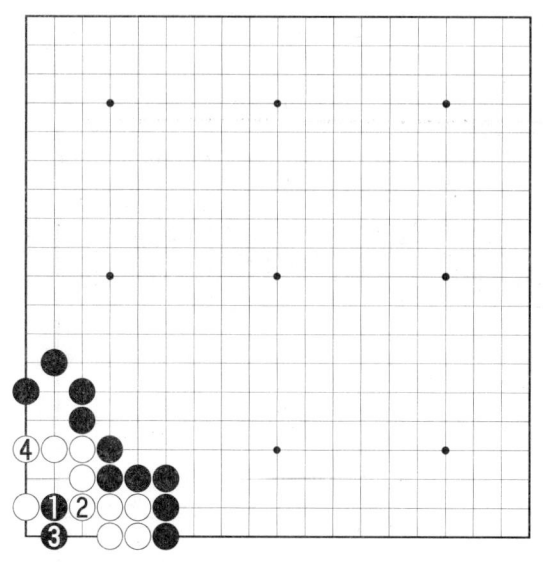

1图 错误的第一感

第一眼看上去,黑1靠是急所,但白2接,黑3立时,白4立下好手,黑失败。

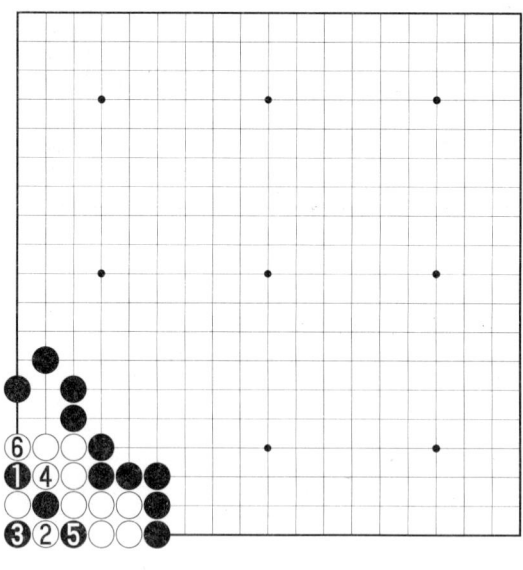

2图 连环劫

黑1吃,白2、4是好棋,至白6形成连环劫,白活。

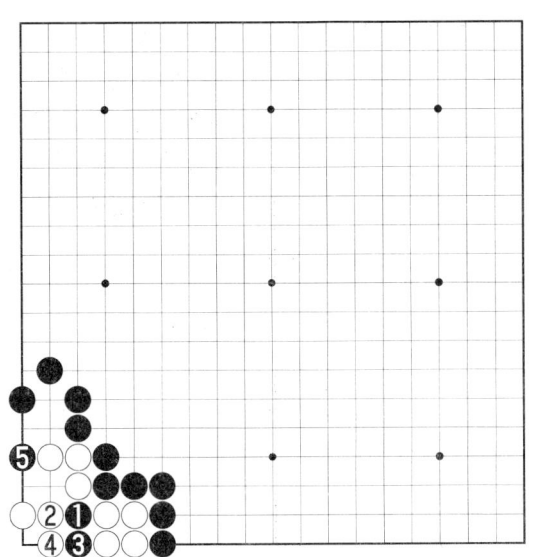

3图 过于单纯

黑1吃白四子也是不正确的,白4挡,设下"埋伏",黑5靠时……

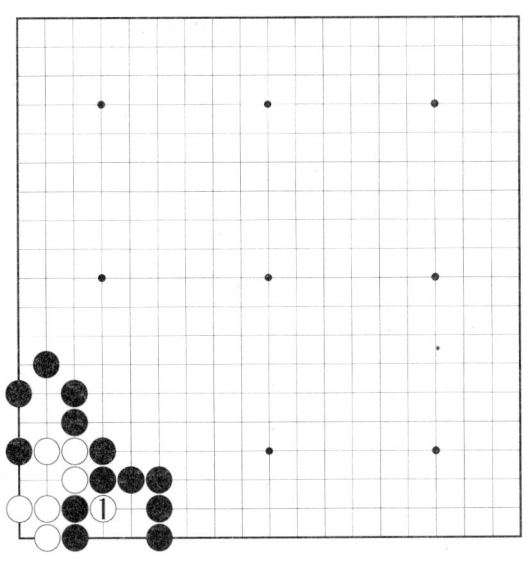

4图 继续

白1断吃,黑失败。

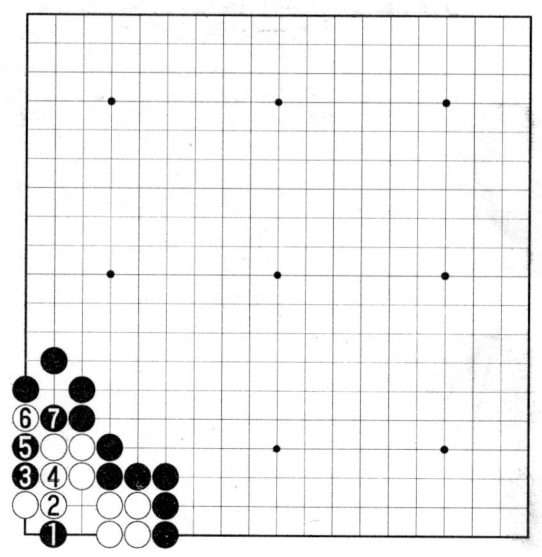

5图 正解

黑1点是急所,白2是无可奈何的应对,黑3靠,妙。白4以下至黑7……

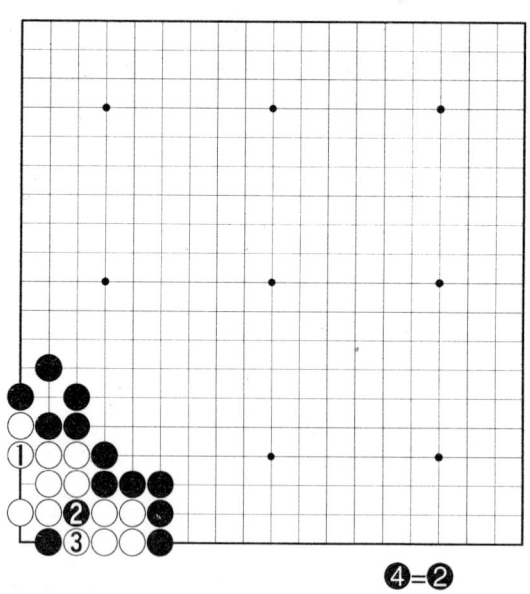

6.续上图

白1只能接,黑2、4必然……

④=②

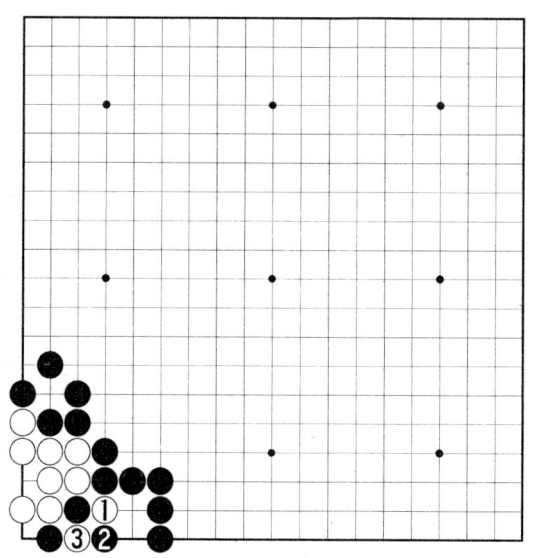

7图 继续

白1断吃,黑2打,形成劫争是正解。

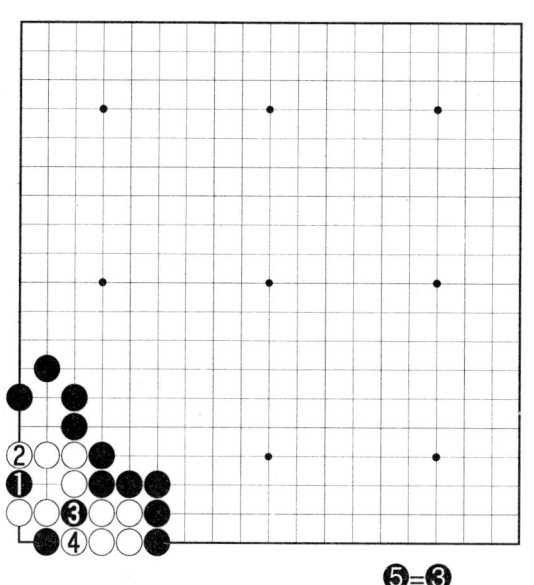

8图 别的办法

黑1靠时,白2挡也是一法,至黑5……

⑤=❸

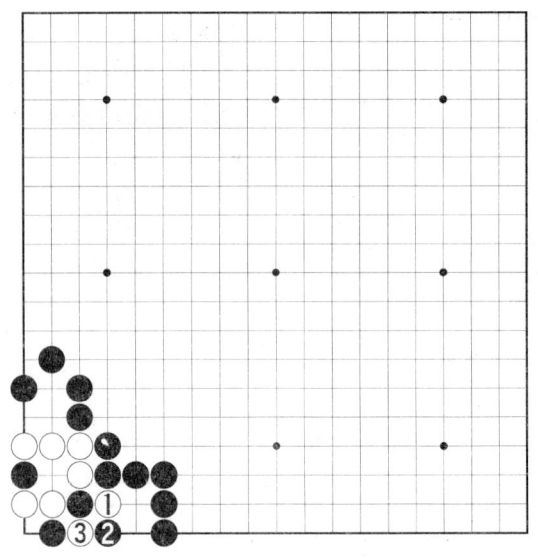

9图 还是劫

白1断吃,黑2打,还是形成劫争。

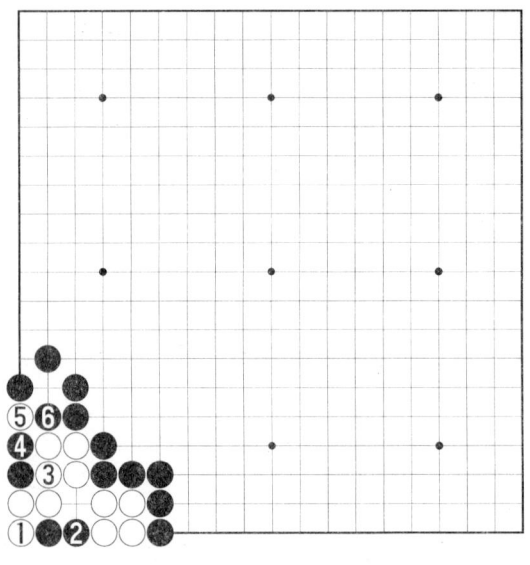

10图 白气紧

白1先拐打再3位接,黑4爬以下至黑6,白差一气被杀。

特色问题1（黑先）

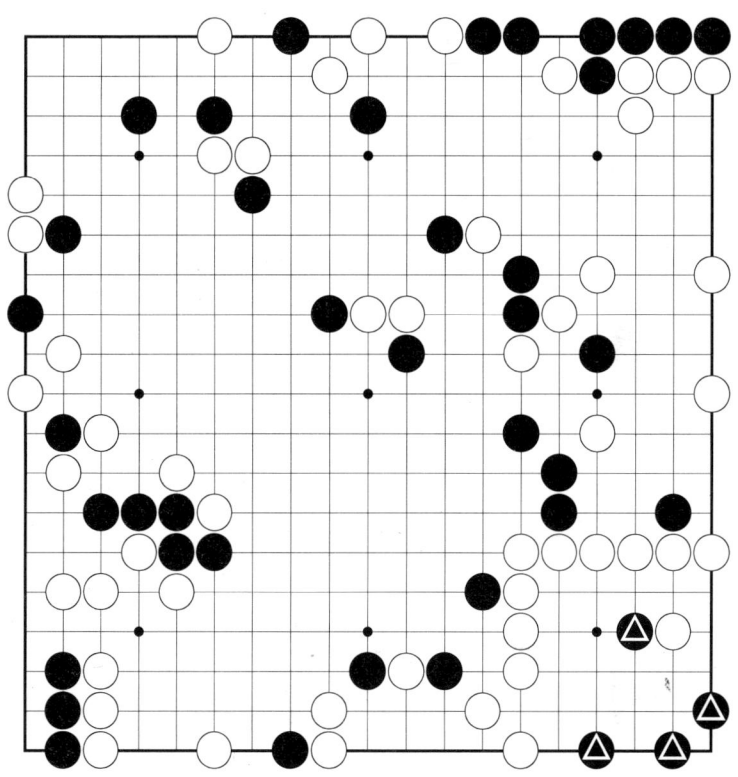

　　本题从右下角的死活题开始，活棋的过程当中，黑会遭到吃棋方的最顽强抵抗。在双方最强应手的情况下，会演变成全盘的征子，最终白棋全军覆没。

1图 正解

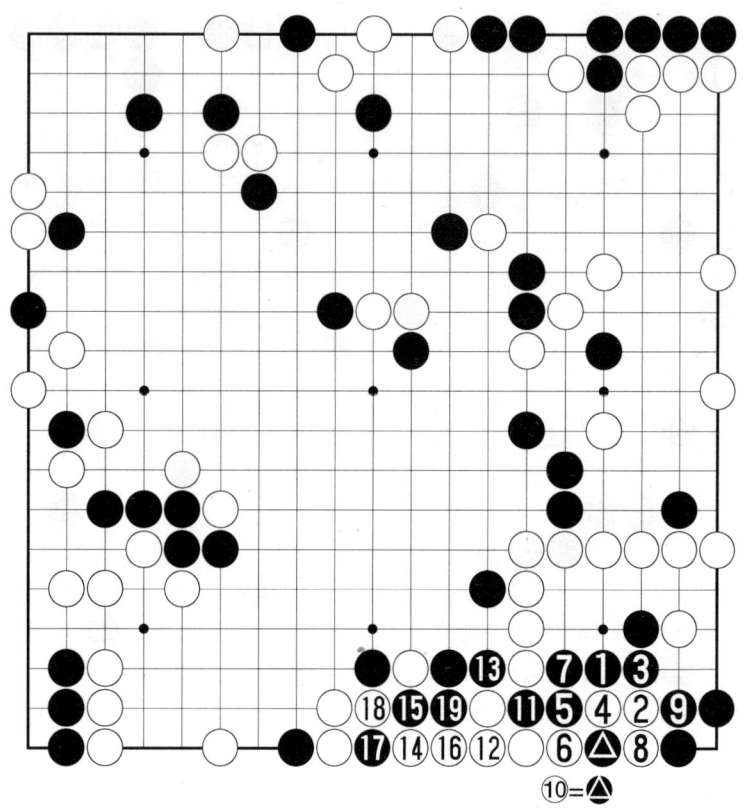

2 图 正解续 I

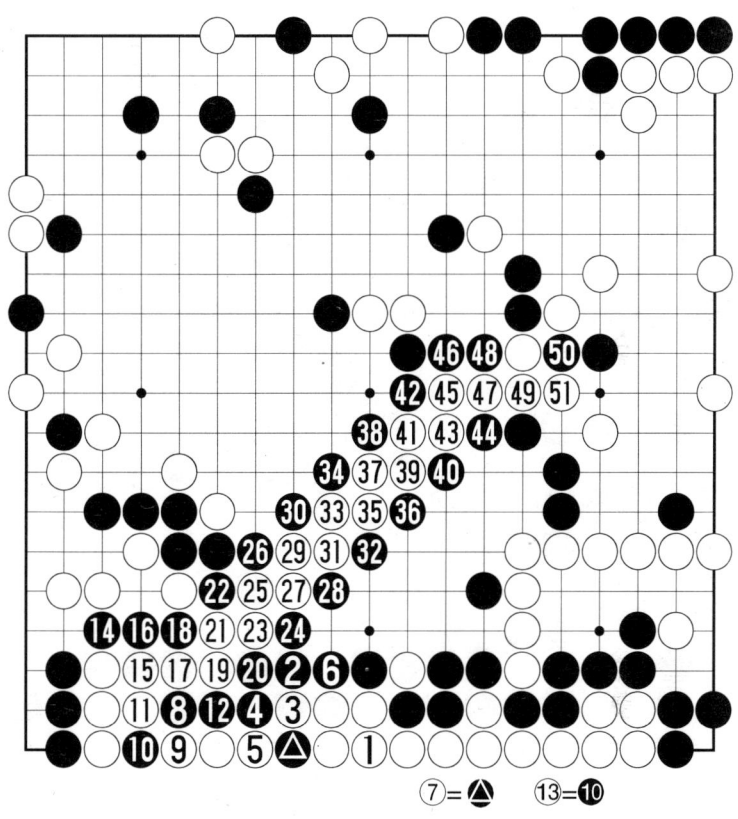

⑦=▲　⑬=❿

121

3图 正解续Ⅱ

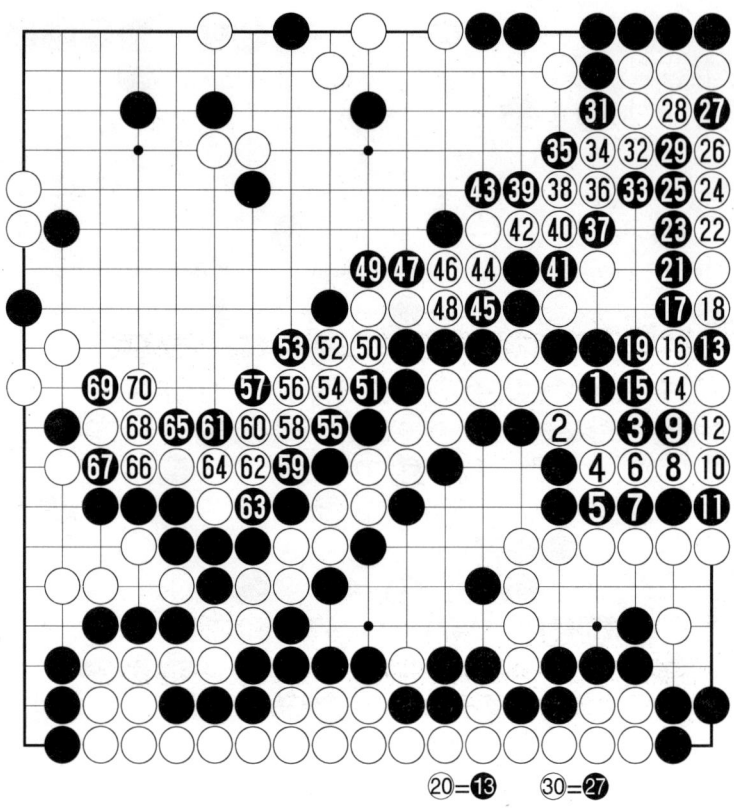

⑳=❸　㉚=㉗

4 图 正解续Ⅲ

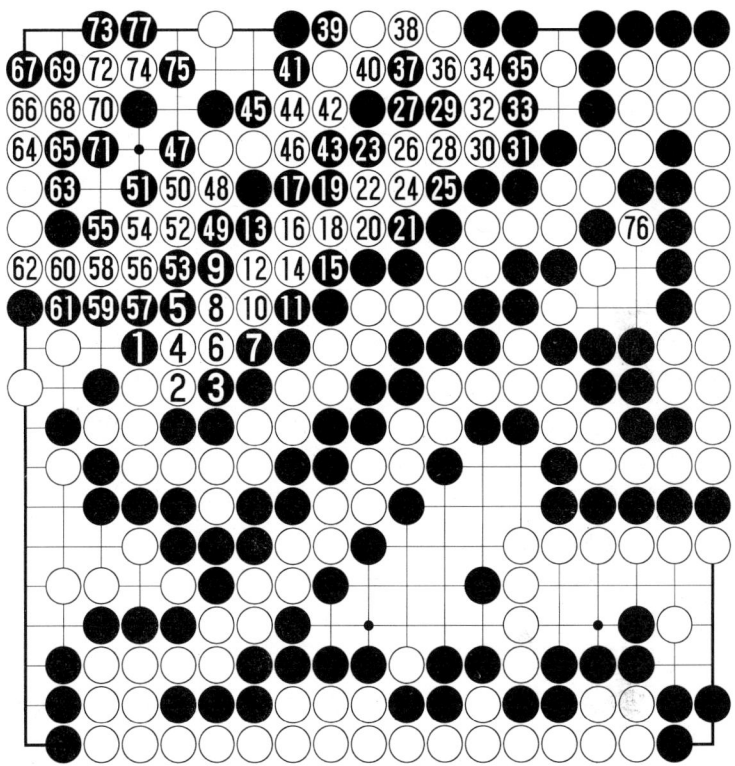

28. 撒手悬崖（黑先）

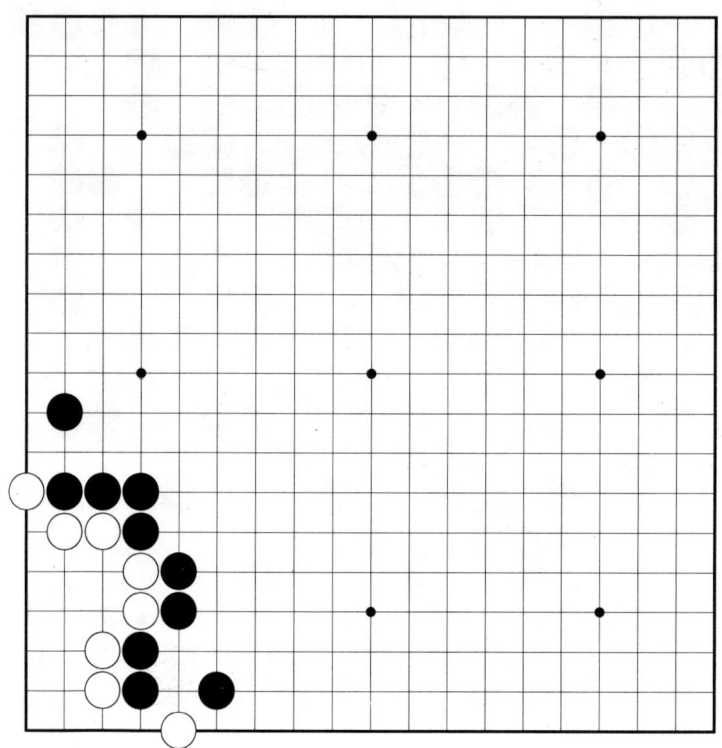

　　笙歌正浓处，便自拂衣长往，美达人撒手悬崖；更漏已残时，犹然夜行不休，笑俗士沈身苦海。

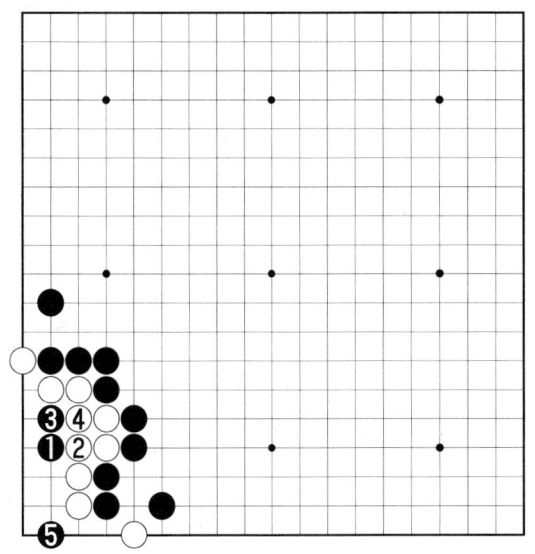

1图 尚留打劫

黑1点像是急所,但白2、4就跟着黑应,黑5点又似妙手,但……

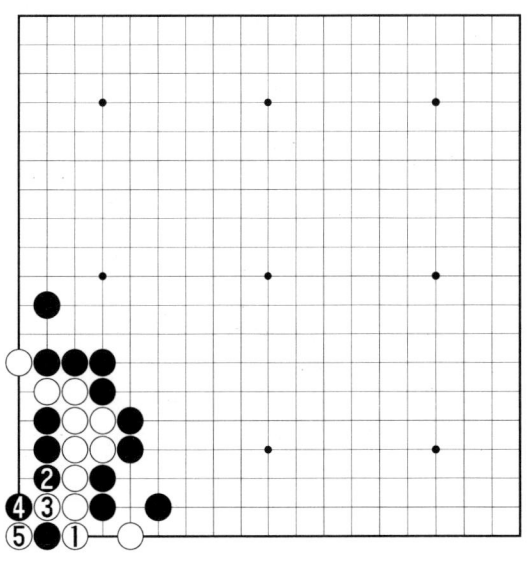

2图 缓气劫

1图的继续,白1挡,黑2爬,至白5形成缓气劫,黑失败。

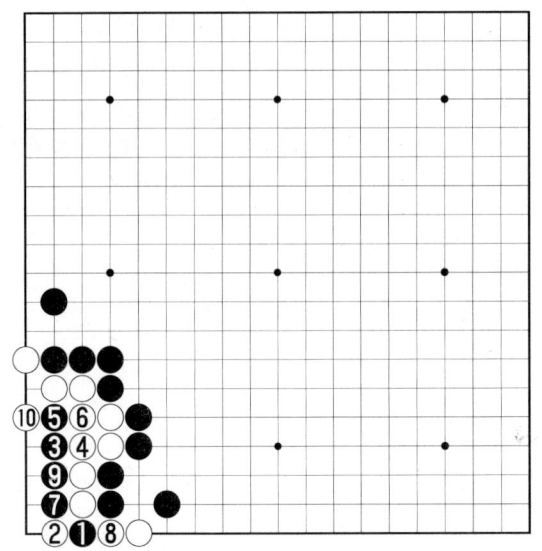

3图 差一气

黑1从底下扳，白2挡，黑3以下至白10止，黑四子慢一气被吃，黑失败。

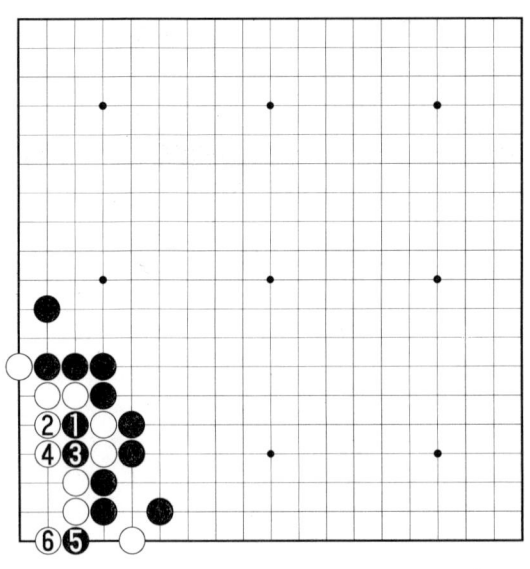

4图 正解

黑1断吃是正确手顺。白2、4必然，黑5扳，白6挡时……

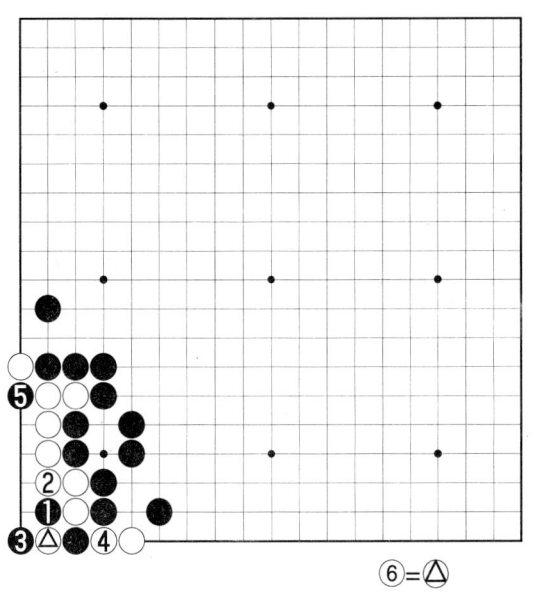

5图 续上图

接上图,黑1、3是显而易见的手段,黑5扑,白6提形成劫争是正解。

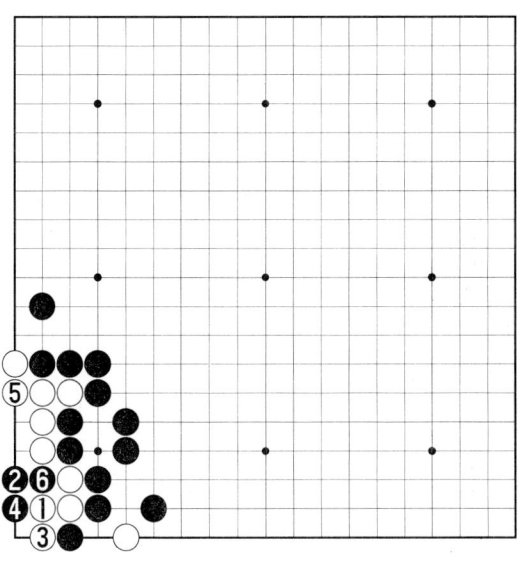

6图 黑6,致命一击

4图中的白6若改为本图中白1弯,黑2点致命一击,黑6断"金鸡独立",白净死。

29. 毋自任（黑先）

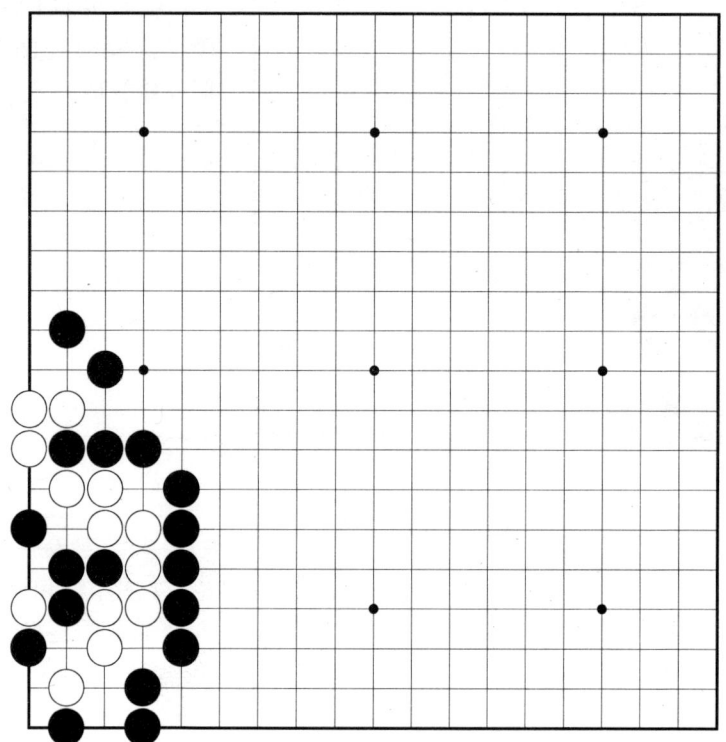

　　毋自任而为气所使，毋以己之长而形人之短，毋因己之拙而忌人之能。

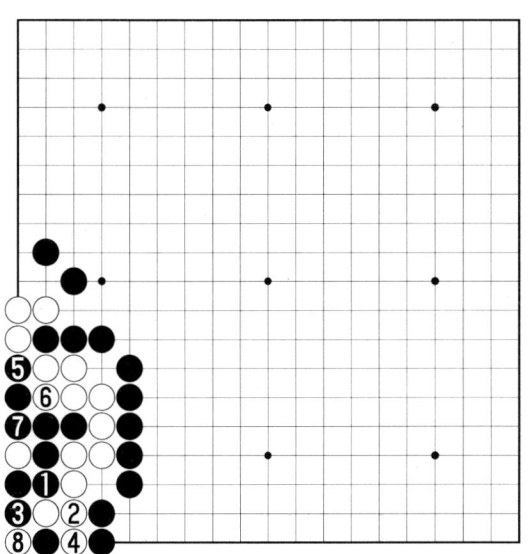

1图 缓气劫

黑1、3做好准备工作,接下来黑5断,但白8止形成劫争,黑失败。

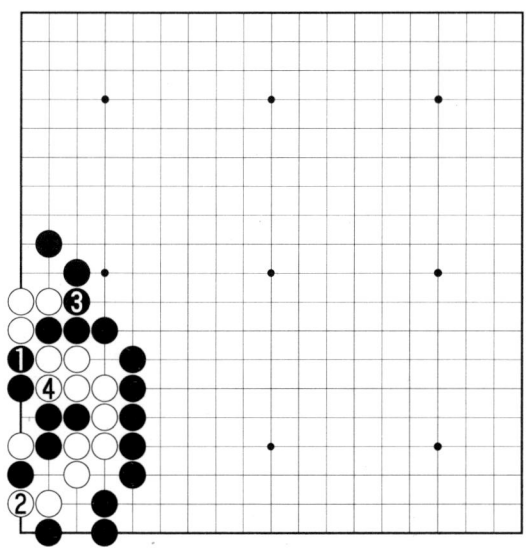

2图 失败

黑1断,白2挡,以下白4打,干净地成活了。

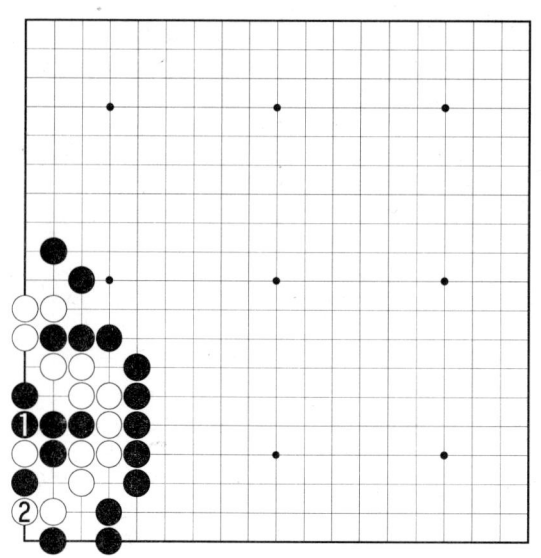

3图 黑还是失败

黑1提，白2挡，黑仍失败。

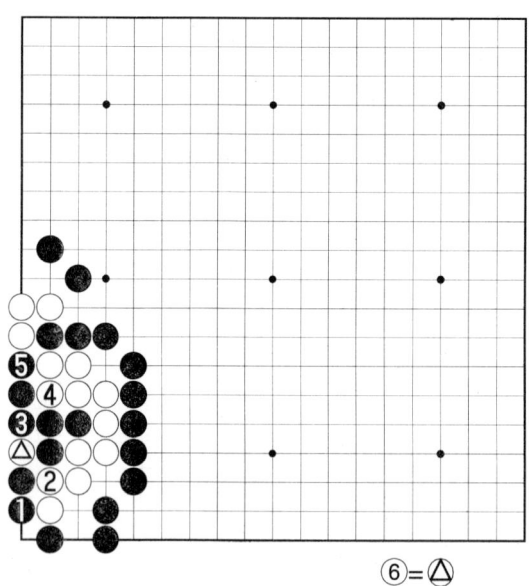

4图 正解

黑1无论如何也要先爬过，白2、4必然，黑5绝妙！白6提……

⑥=△

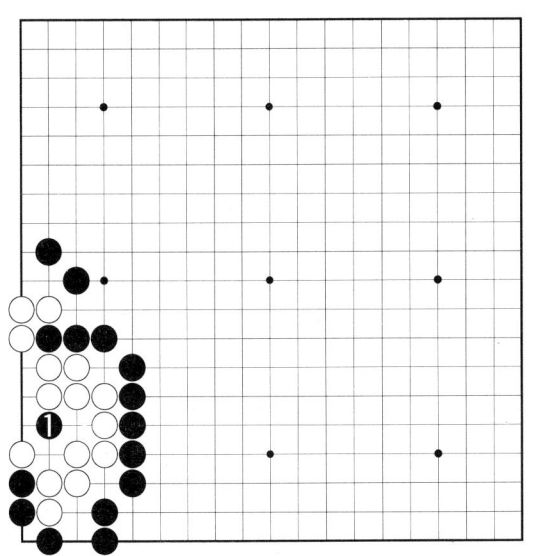

5图 接上图

黑1点,白已净死。

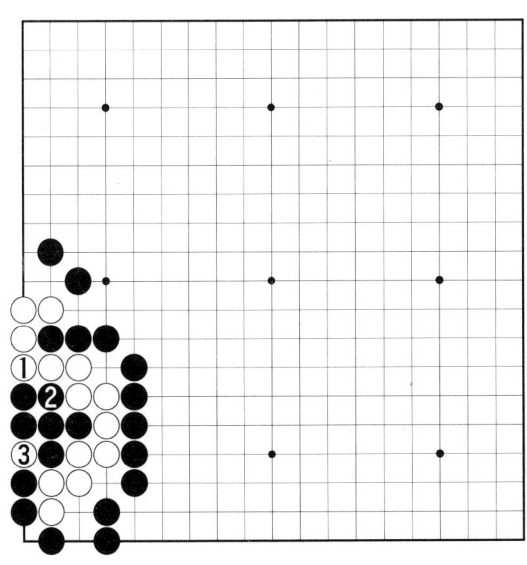

6图 本题的妙味

白1从另一边紧气,黑2同样绝妙!白3提……

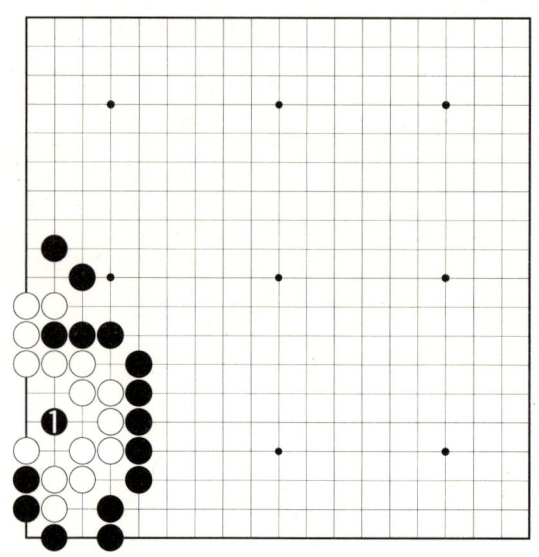

7图 漂亮的"点"

黑1点,白大块顿死。

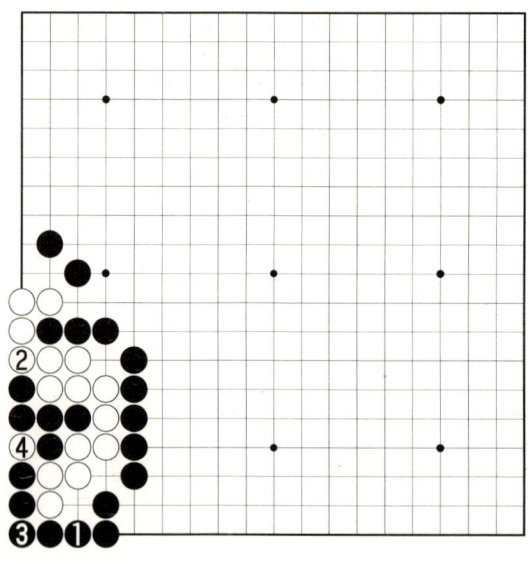

8图 黑失误

太过想当然,黑1接是失误,以下至白4……

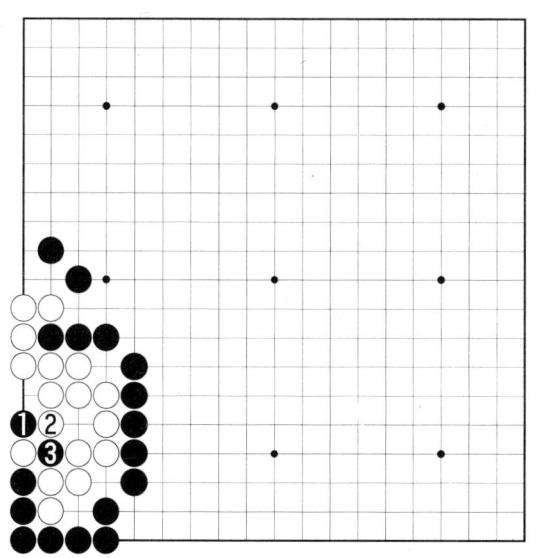

9图 打劫

黑1打,白2做劫,黑失败。

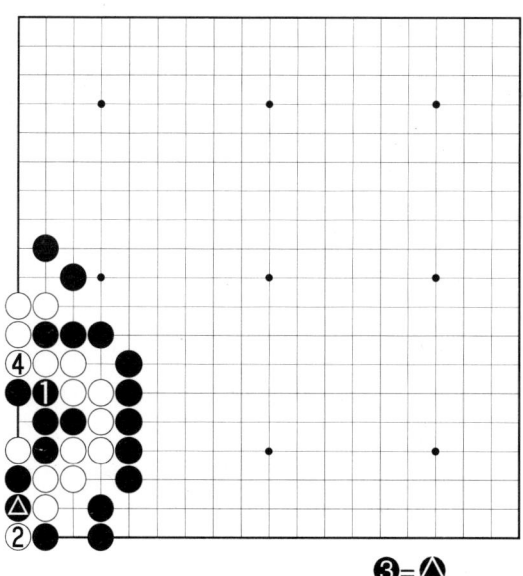

10图 次序错误

黑1先团不行,白2提,黑3时白4打吃,成净活,黑失败。

❸=▲

30. 直行（黑先）

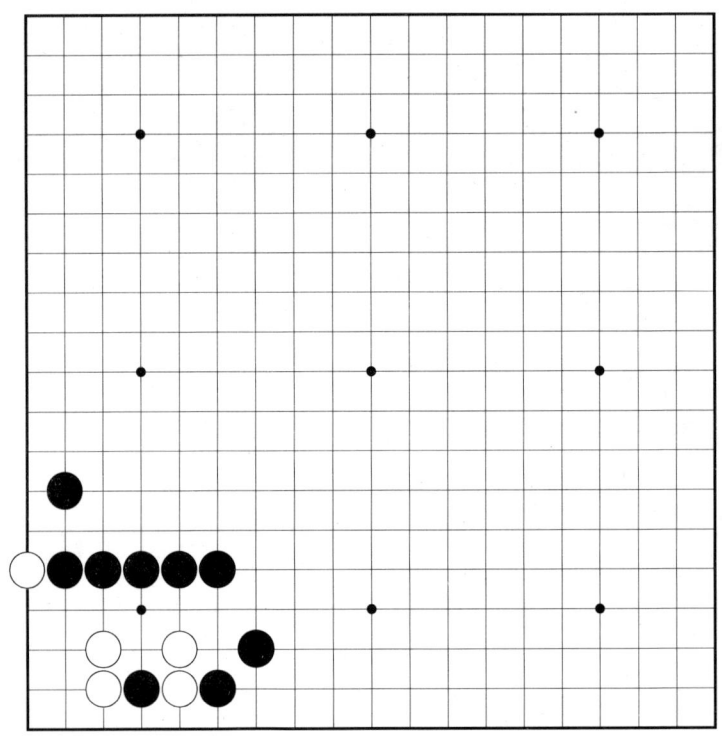

　　曲意而使人喜，不若直躬而使人忌；无善而致人誉，不若无恶而致人毁。

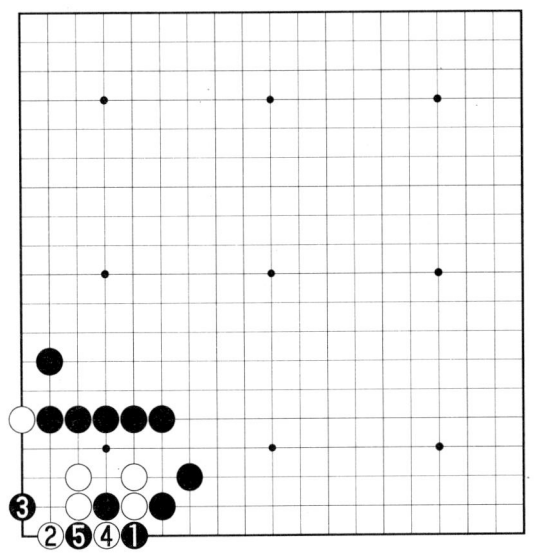

1图 打劫,黑失败

黑1渡过,白2尖是好棋,黑3点,白4扑成劫,黑失败。

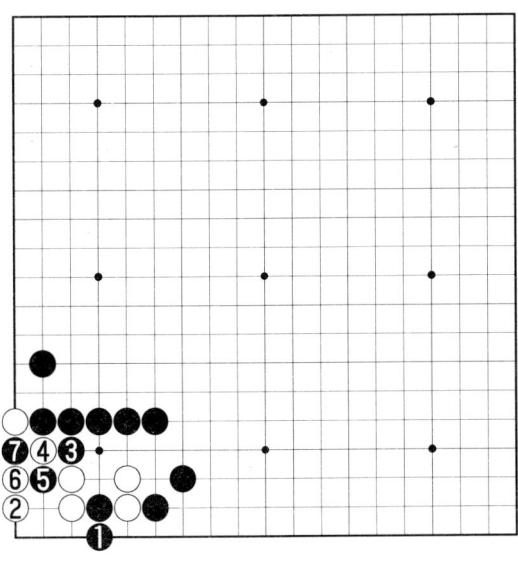

2图 还是劫

黑1立,白2跳冷静,黑3顶虽是妙手,但至黑7止仍然成劫。

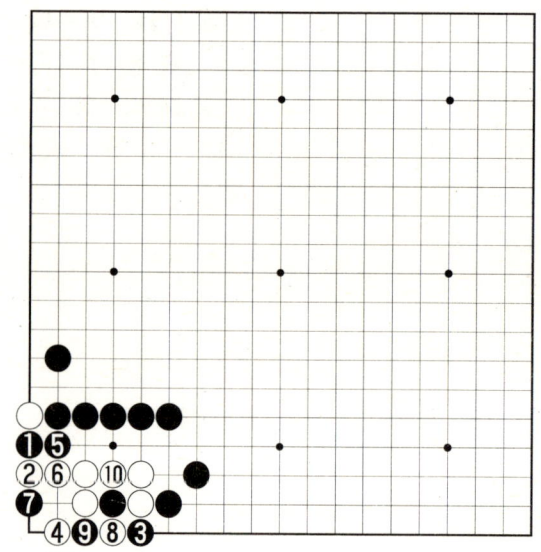

3图 简单失败

黑1吃白一子,白2打吃,黑3渡过至白10,白简单成活。

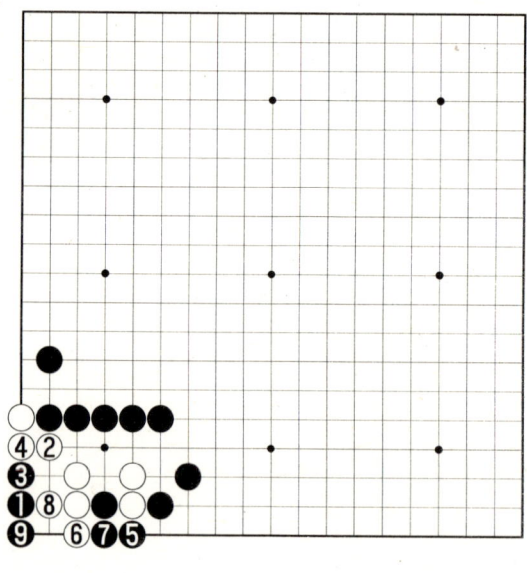

4图 正解

黑1点急所,白2顽强抵抗,黑3好手,黑5渡过后,形成"盘角曲四"杀白。

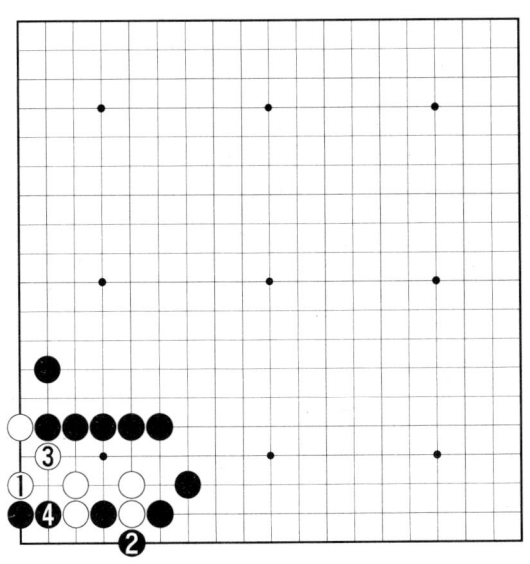

5图 变化Ⅰ

白1靠,黑2简单渡过即可杀白。

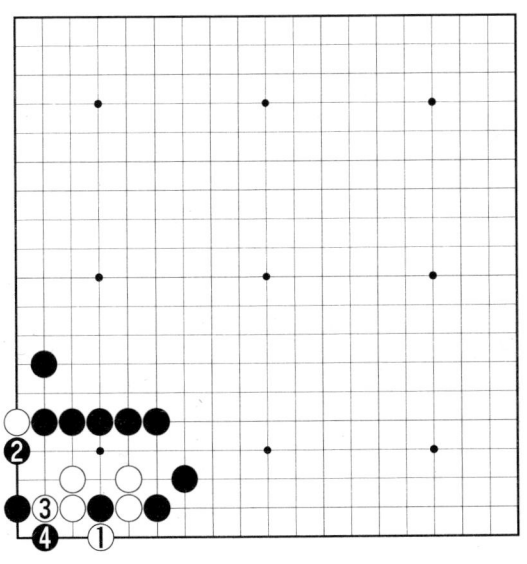

6图 变化Ⅱ

白1抱吃黑一子,黑2联络,白仍无法成活。

31. 共患难（黑先）

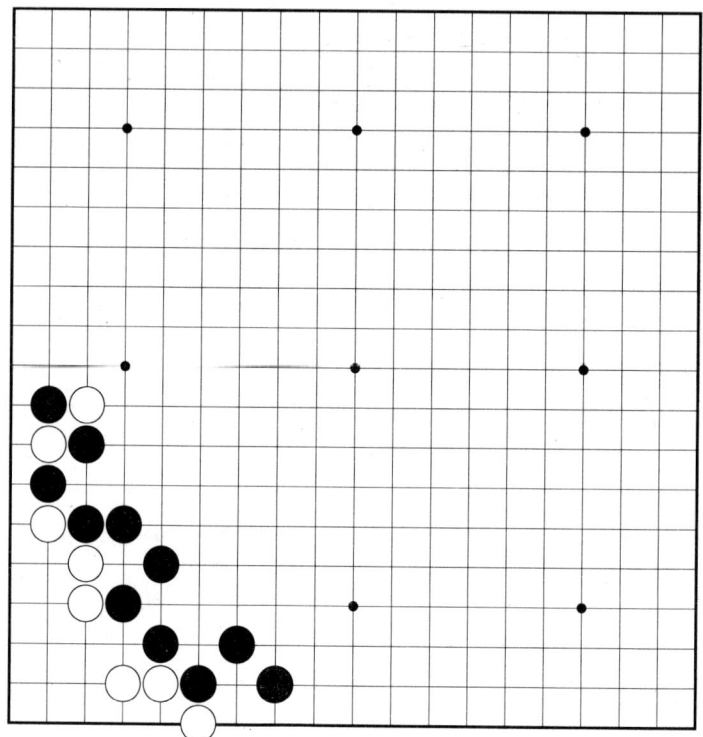

　　当与人同过，不当与人同功，同功则相忌；可与人共患难，不可与人共安乐，安乐则相仇。

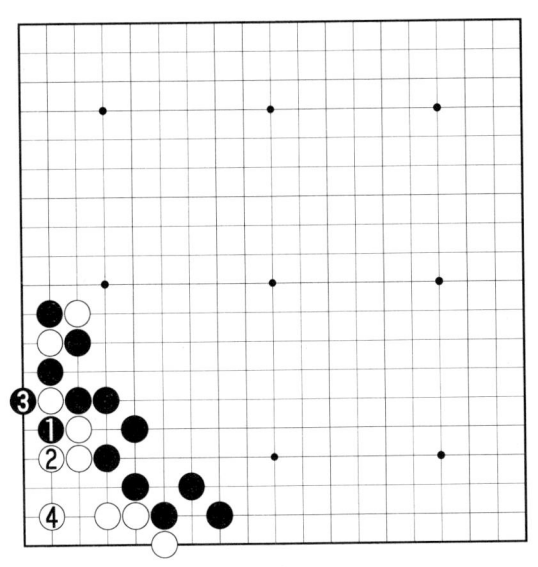

1图 失败

黑1简单地吃,白2、4后简单成活。

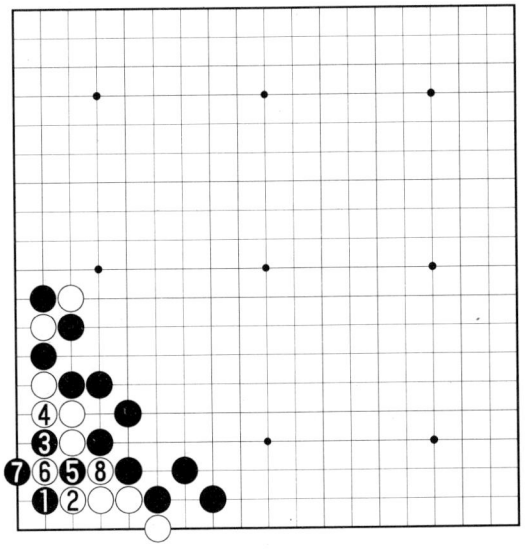

2图 打劫,仍失败

黑1点、3夹,白4以下至白8……

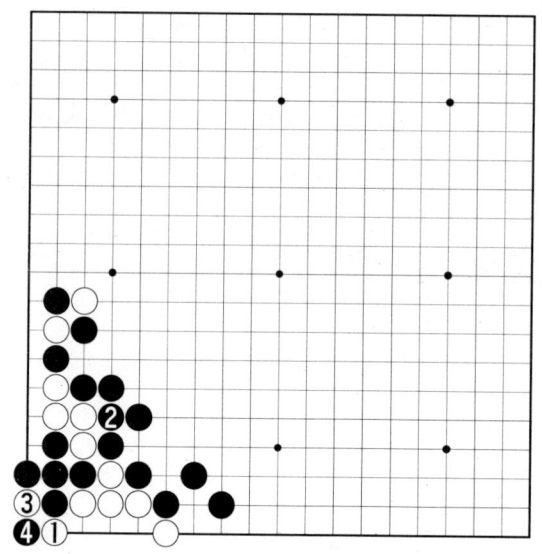

3图 续上图

白1扳，黑2只能紧气，白3扑形成劫争。

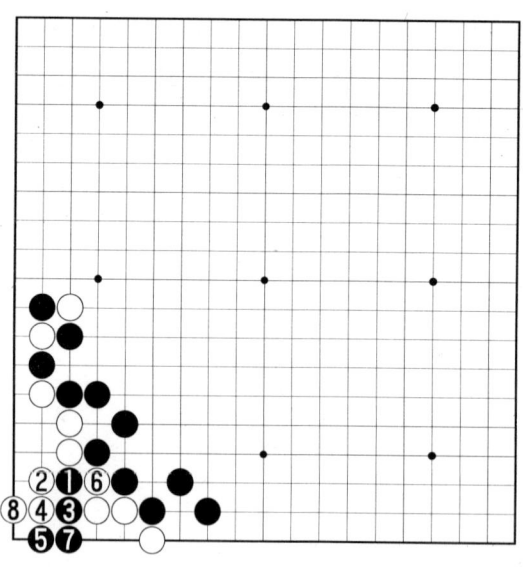

4图 正解

黑1扳是急所，白2以下至白8是必然，下一手十分重要……

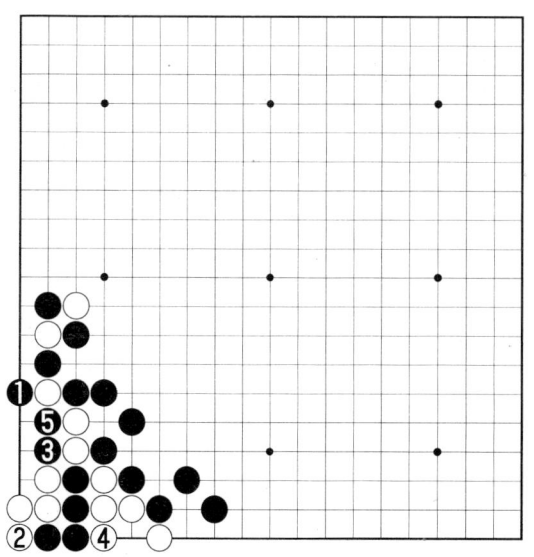

5图 接上图

黑1从底下打吃是好手，白2吃时黑3打成立，白净死。

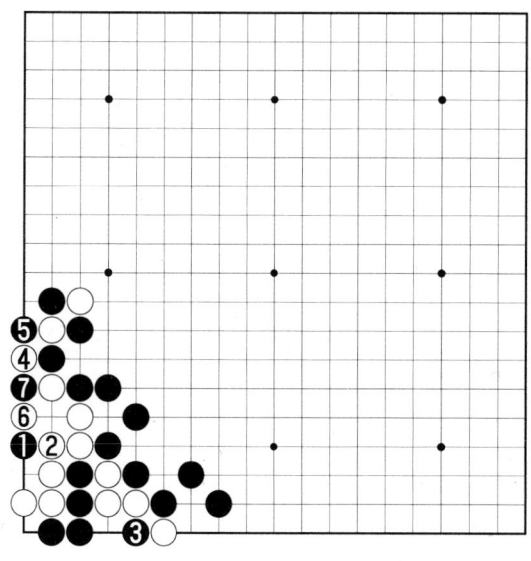

6图 次序错误

黑1先点，似乎是一样的结果，但白2接、4打是顽强的手段，至黑7形成两手劫。

32. 澄与迷（黑先）

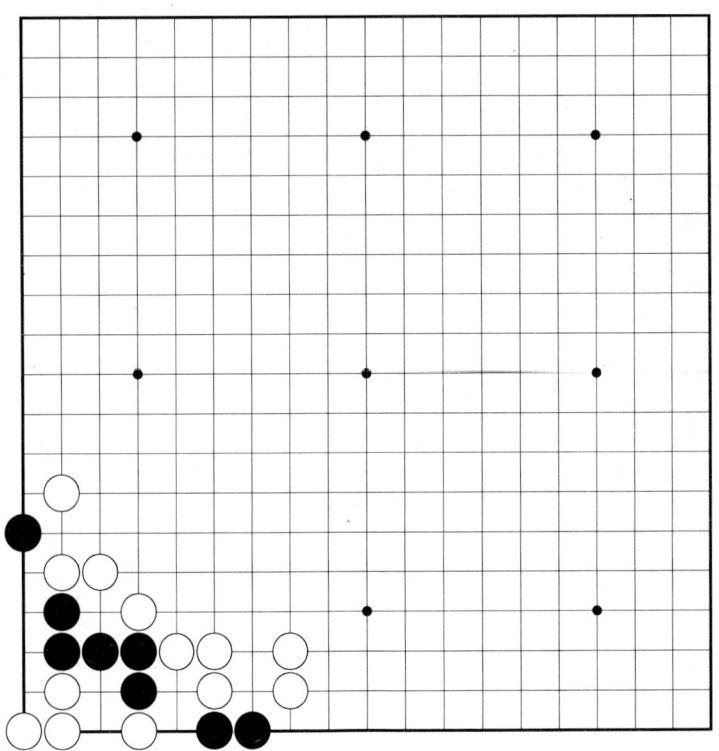

性天澄澈，即饥餐渴饮，无非康济身心；心地沉迷，纵谈禅演偈，总是拨弄精魂。

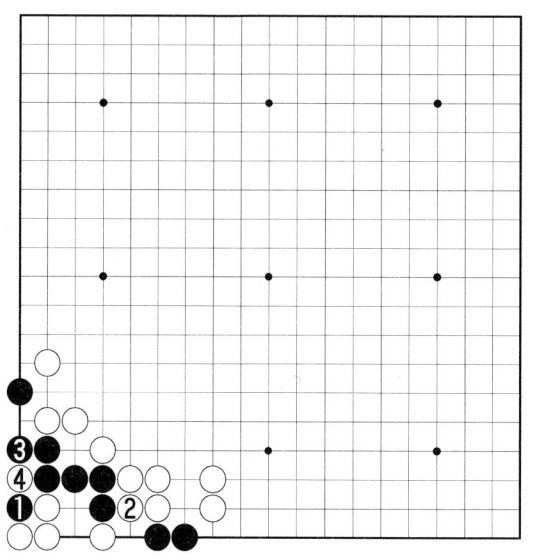

1图 次序错误

黑1先扑，白2团好手，至形成劫争，黑失败。

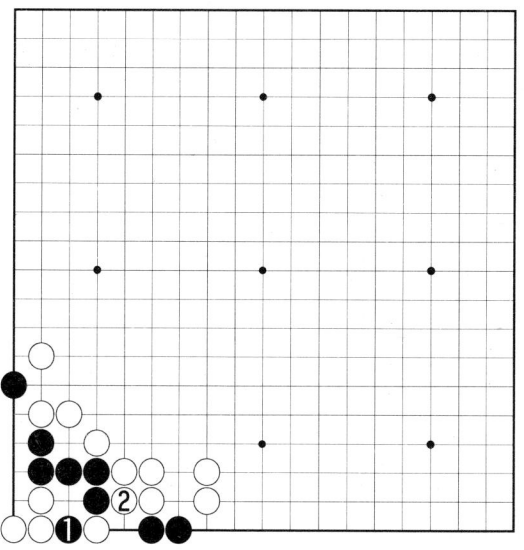

2图 失败

黑1，白2仍是团，黑仍是失败。

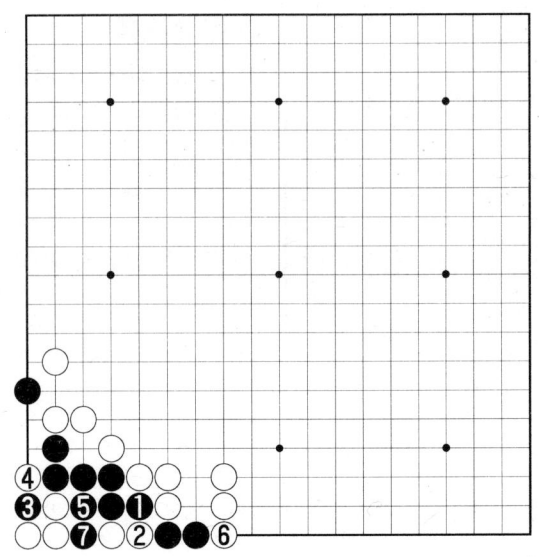

3图 正解

黑1急所,白2扑时黑3再扑是很重要的一步,白4提时黑不提白二子,而是5位收气绝妙,至黑7止净活。

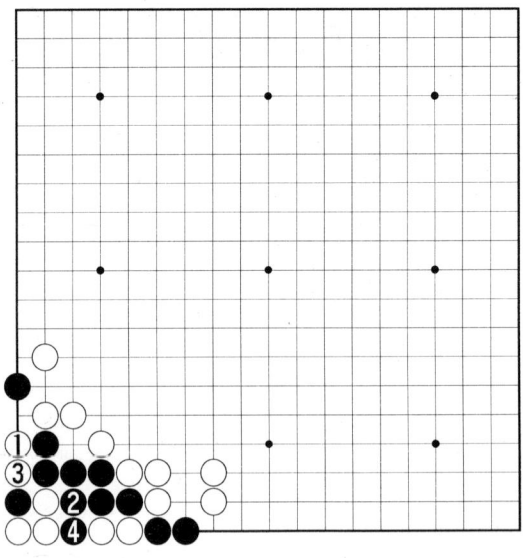

4图 次序很重要

白1扳,黑2仍是收气,白3提时,黑4以下……

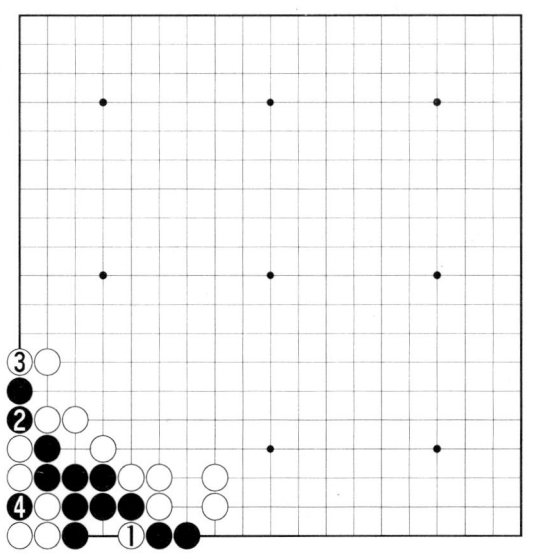

5图 接上图

白1扑,黑2绝妙地做活了。

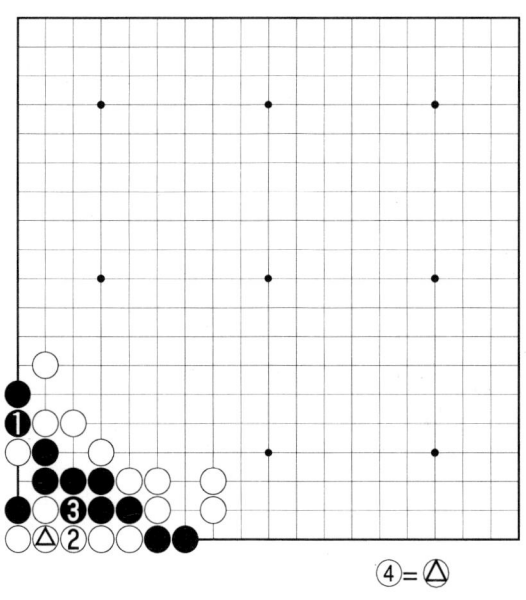

④=△

6图 白2,妙手

黑1先断不行,白2接妙手,黑3提时白4点,黑净死。

33. 闲与静（黑先）

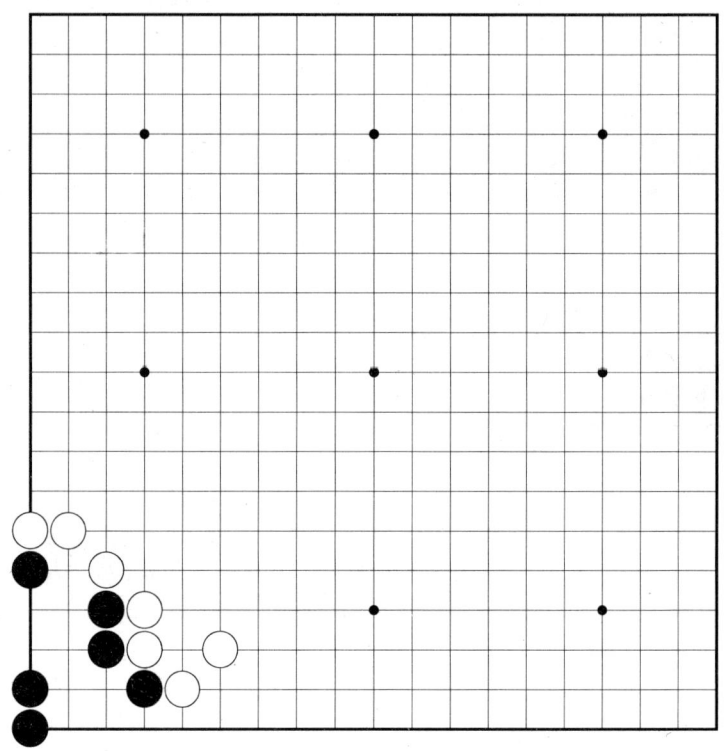

此身，常放在闲处，荣辱得失，谁能差遣我；此心，常安在静中，是非利害，谁能瞒昧我。

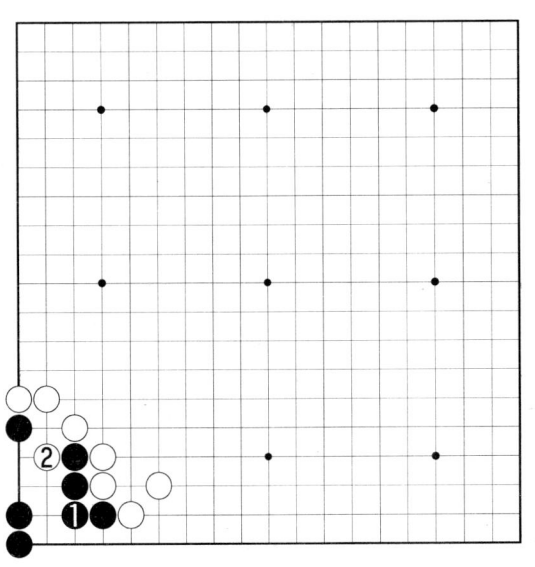

1图 简单的失败Ⅰ

黑1平凡地接,白2扳,黑已净死。

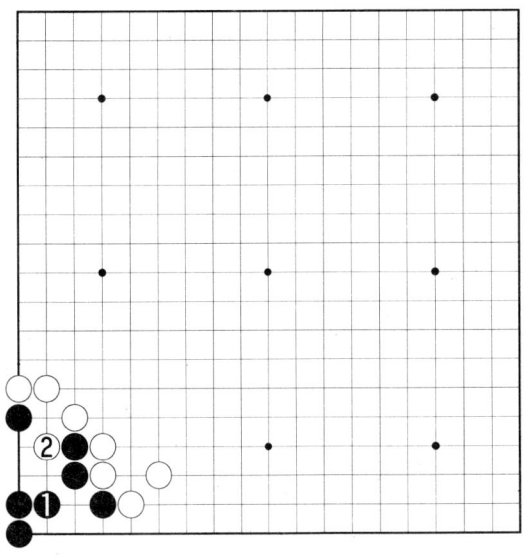

2图 简单的失败Ⅱ

黑1弯,白仍2位扳,同样是黑失败。

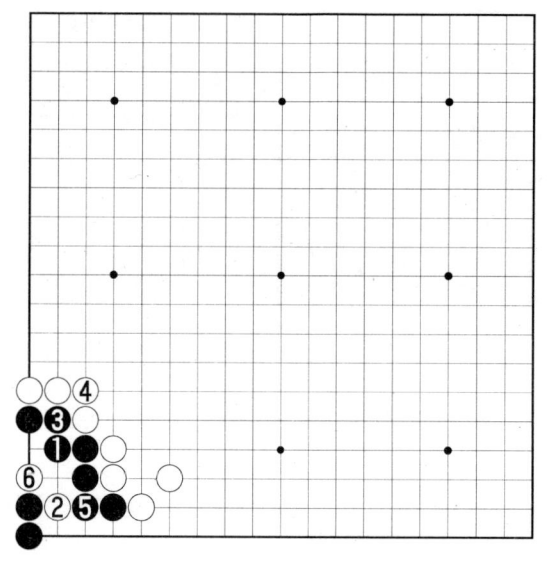

3图 正解

黑1弯,白2靠时黑3挤是先手,黑5接,白6吃,似乎是黑失败的样子……

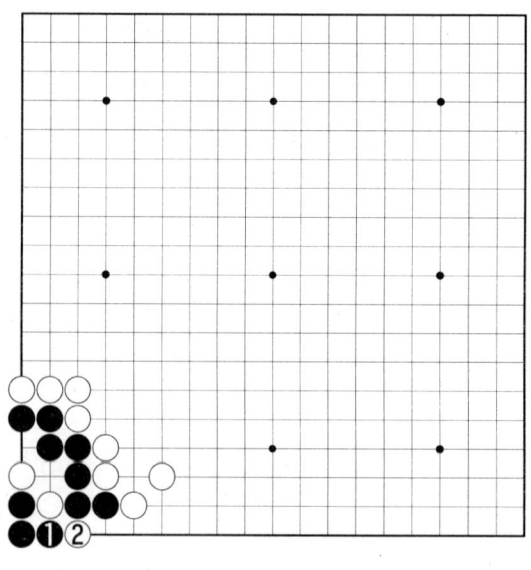

4图 续上图I

黑1多送一子是好棋,白2提时……

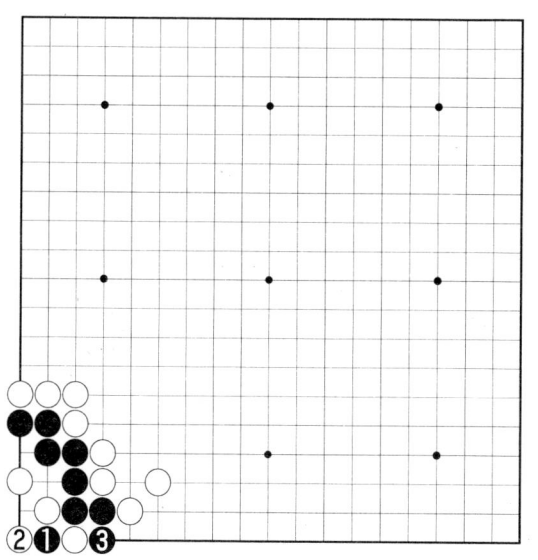

5图 续上图Ⅱ

黑1扑,白2提时黑3挡形成劫争是正解。

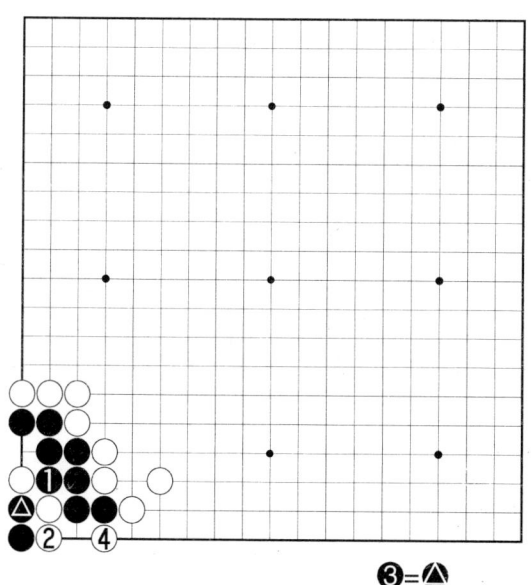

6图 黑的失误

黑1若是打吃,白2提,黑3扑,白4扳,黑不入气被杀。

❸=△

34. 顺其自然（黑先）

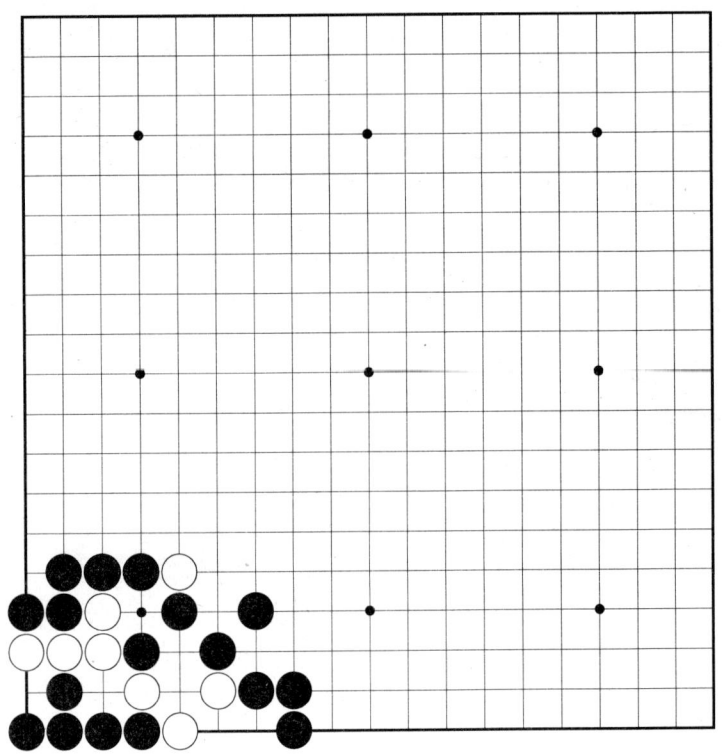

　　身如不系之舟，一任流行坎止；心似既灰之木，何妨刀割香涂。

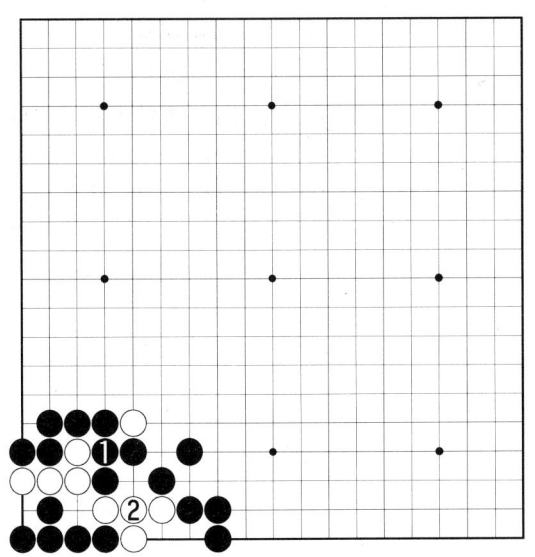

1图 简单失败

黑1单纯地接,白2简单做活了。

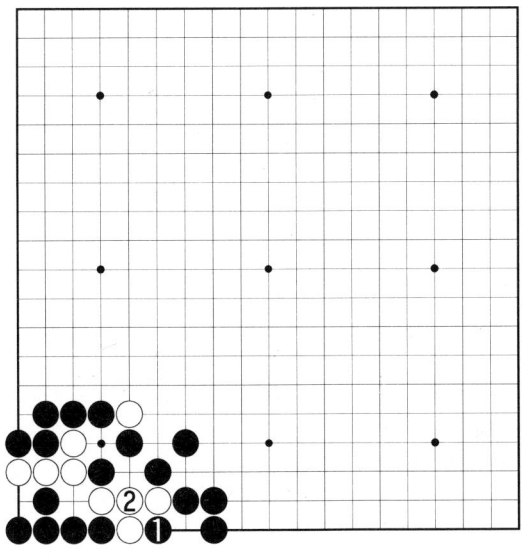

2图 方向错误

做死活题经常要用到"扑",但黑1方向错误,白2接,黑还是失败。

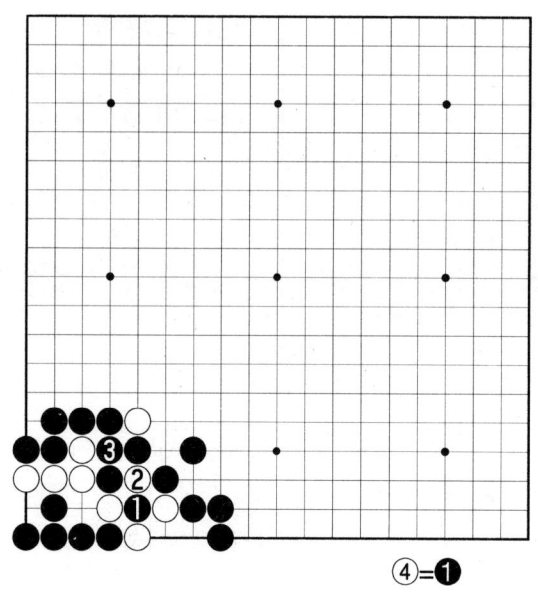

3图 正解

黑1扑是正解,白2提时黑3接,白4以下……

④=❶

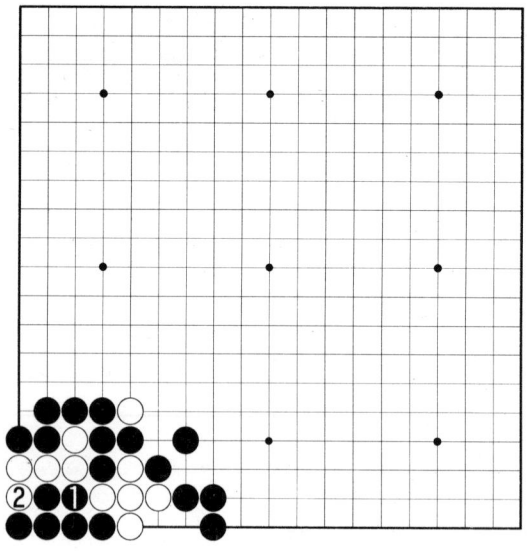

4图 续上图 I

黑1绝妙,白2提时……

5图 续上图Ⅱ

黑1点时，白2做眼，黑3断，绝妙的"金鸡独立"，白净死。

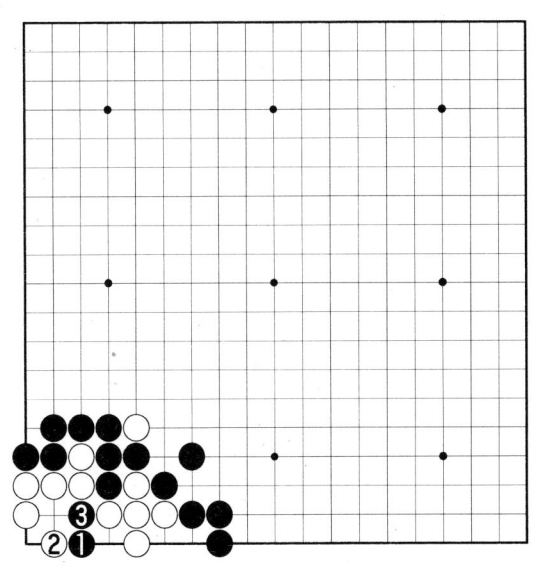

6图 一样

白1接，黑2扑是好棋，至黑4形成连环劫。

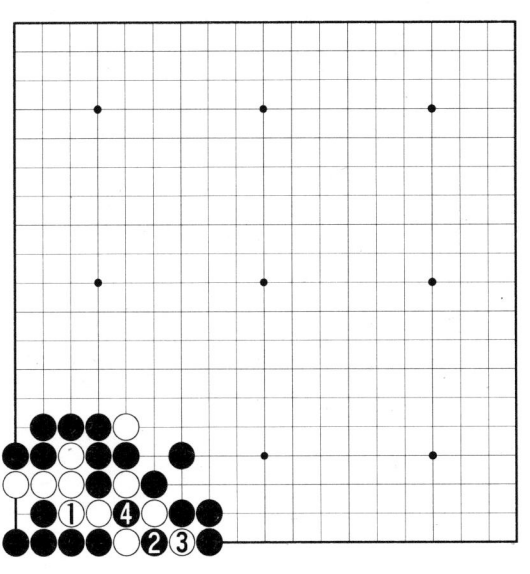

35. 回避中才（黑先）

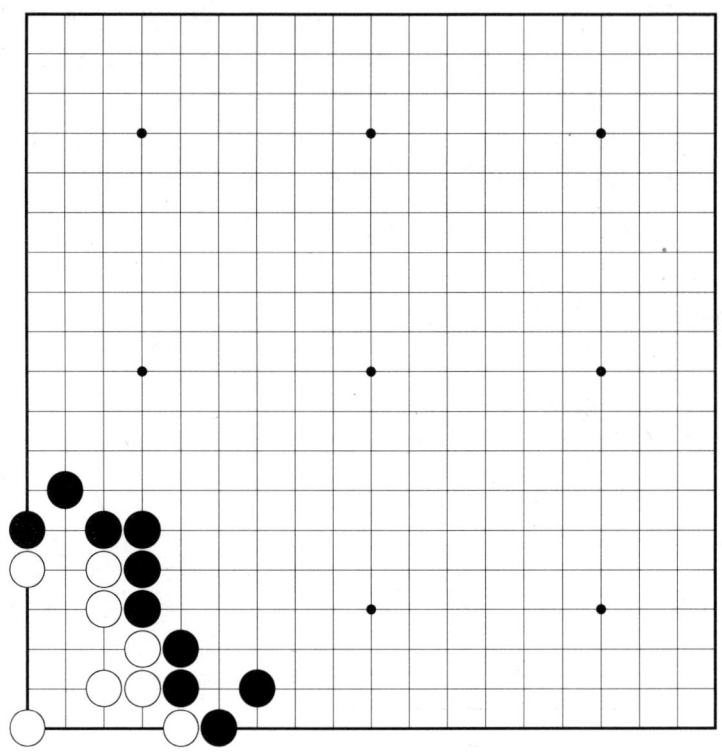

至人，何思何虑；愚人，不识不知。可与论学，亦可与建功。唯中才的人，多一番思虑知识，便多一番忆度猜疑，事事难与下手。

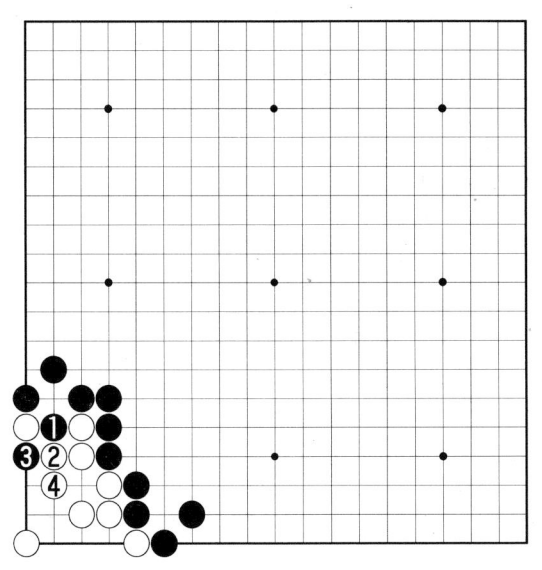

1图 白净活

黑1打吃太简单，白2、4轻松做活了。

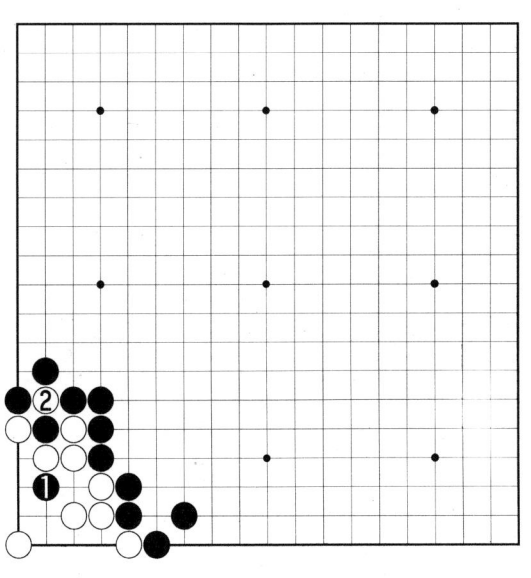

2图 打劫，黑失败

不像1图一样提，而是本图1靠，白2提形成劫争，黑失败。

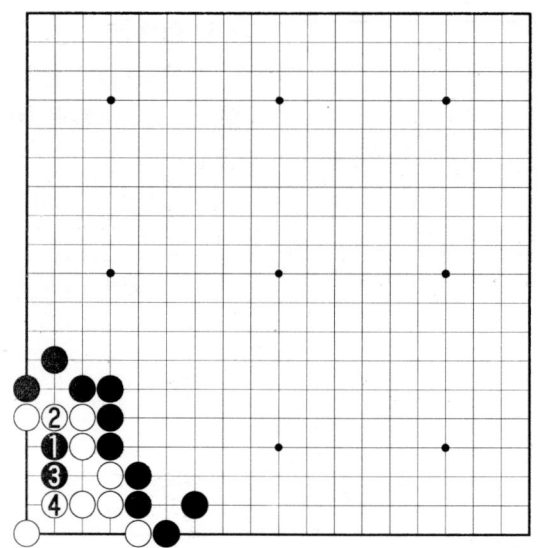

3图 黑失败

黑1夹,白2接,黑3长时,白4挡,黑失败。

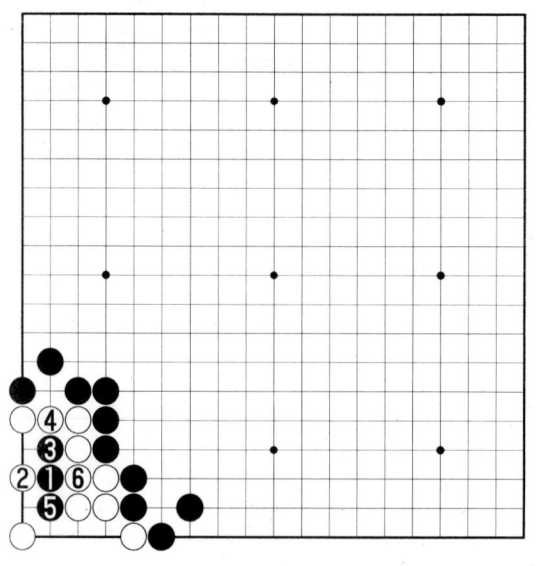

4图 正解

黑1点急所,白2靠,黑3以下至白6,像是双活的样子……

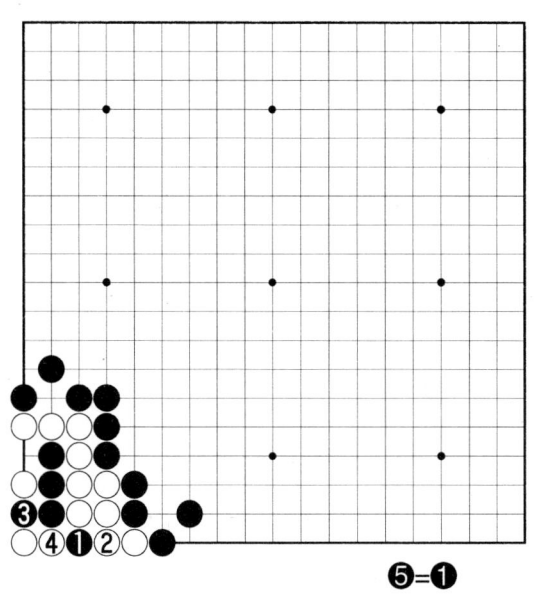

5图 接上图

黑1扳，白2接，黑3做成"有眼杀瞎"。

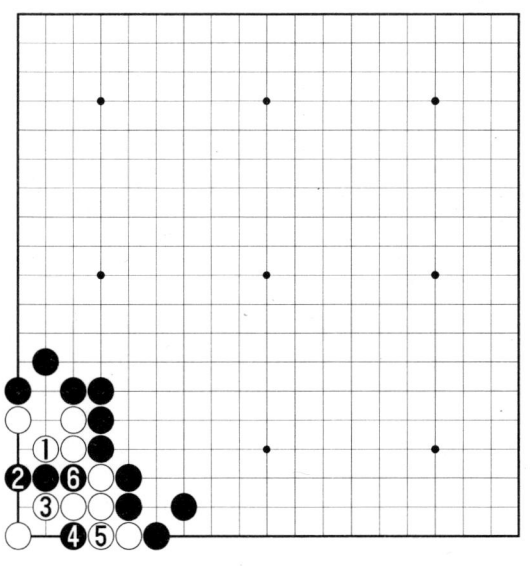

6图 变化

白1挡，黑2立，白3时黑4托绝妙，至黑6"金鸡独立"，白净死。

36. 忧与乐（黑先）

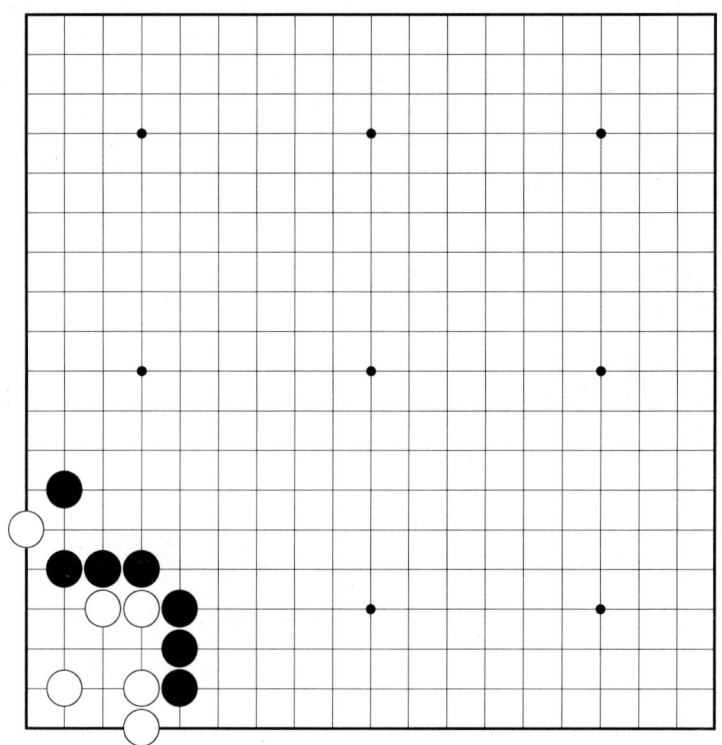

　　天地有万古，此身不再得。人生只百年，此日最易过。幸生其间者，不可不知有生之乐，亦不可不怀虚生之忧。

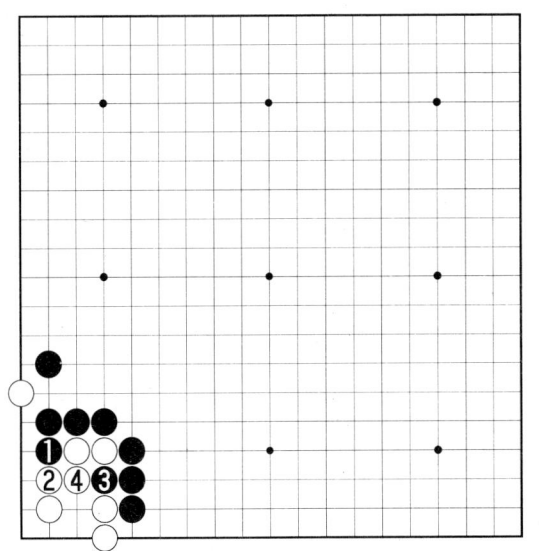

1图 简单

平凡地黑1拐的话,白2、4轻松做活了。

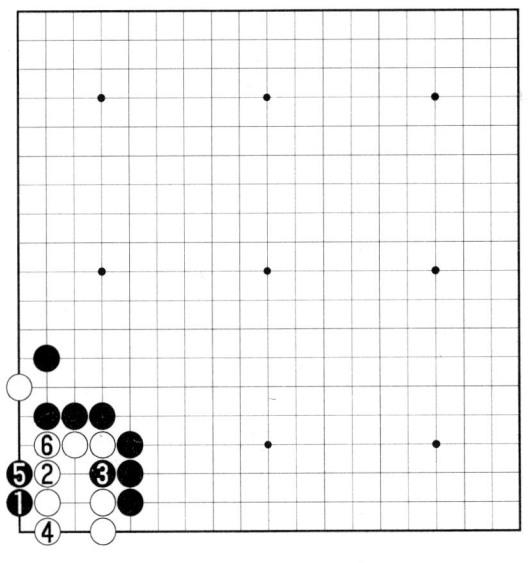

2图 白谨慎

黑1靠似是妙手,但白2退,4立是冷静的好手,白净活。

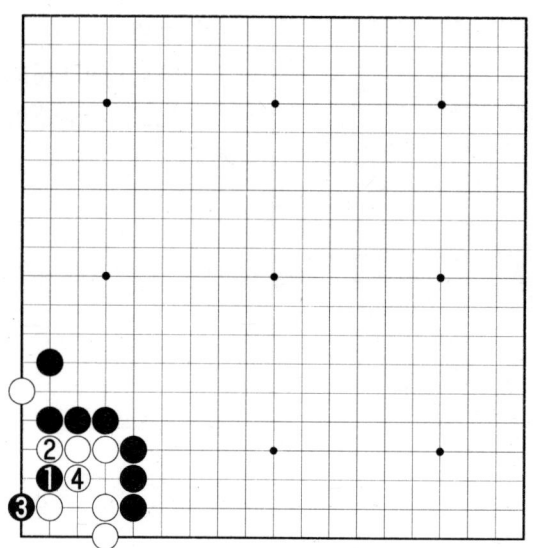

3图 失败

黑1靠,白2冲,黑3扳时白4打,失败。

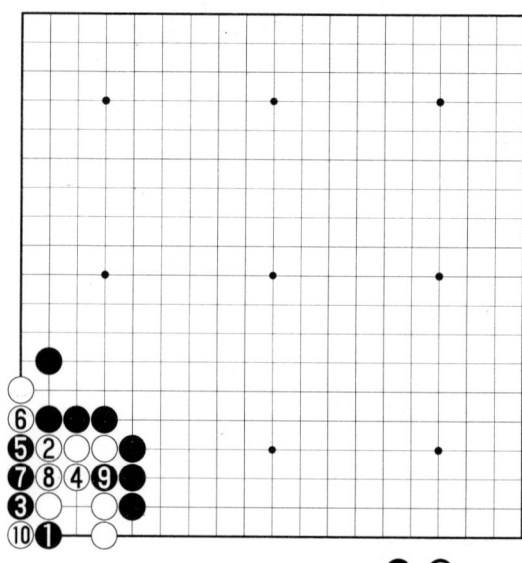

⓫=❸

4图 正解

黑1靠是急所,白2挡时黑3扳是好手,白4最强应手,以下至黑11提……

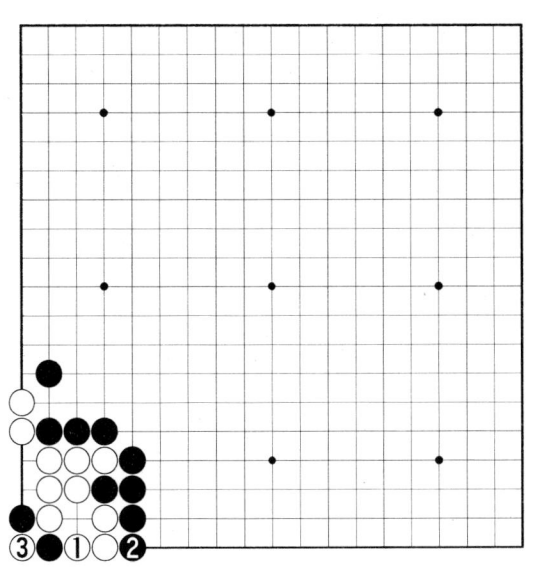

5图 继上图

白1只有打,黑2以下形成劫争。

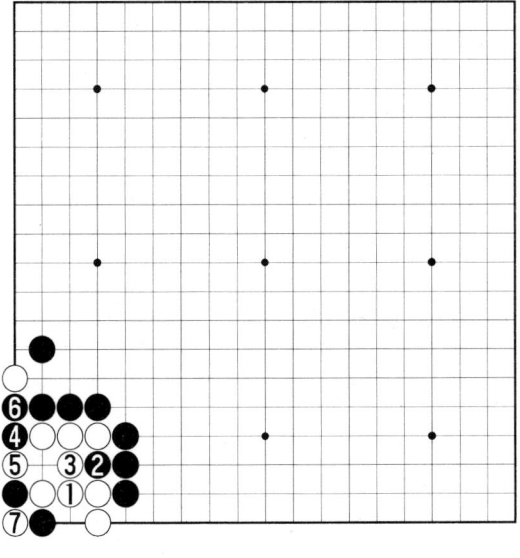

6图 变化

白1接时黑2先冲是绝妙的手顺,至白7仍是打劫。

37. 美与丑（黑先）

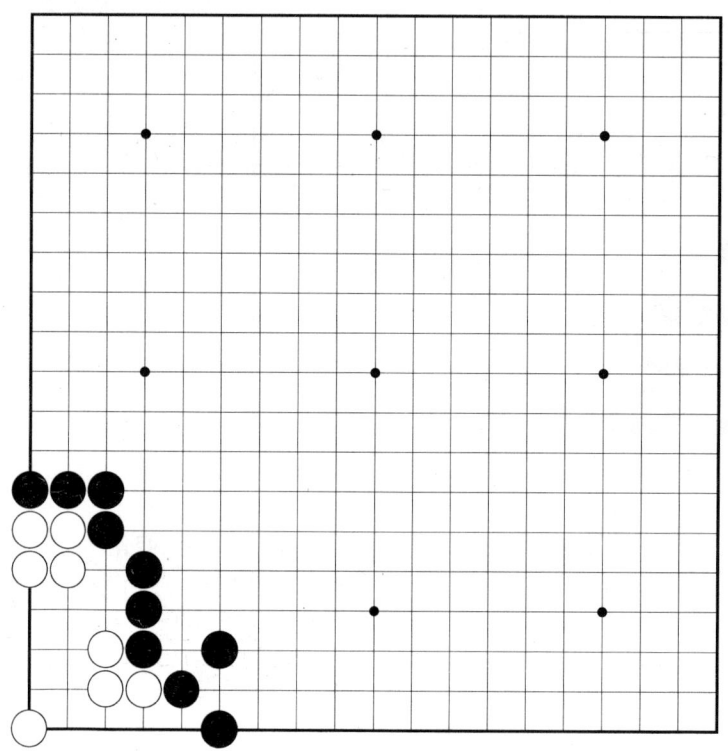

有妍，必有丑为之对，我不夸妍，谁能丑我；有洁，必有污为之仇，我不好洁，谁能污我。

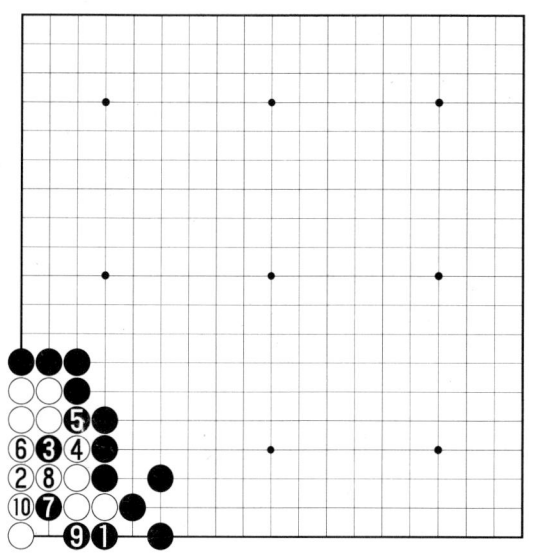

1图 黑束手无策

黑1扳，白2跳好手，黑3以下至白10，黑失败。

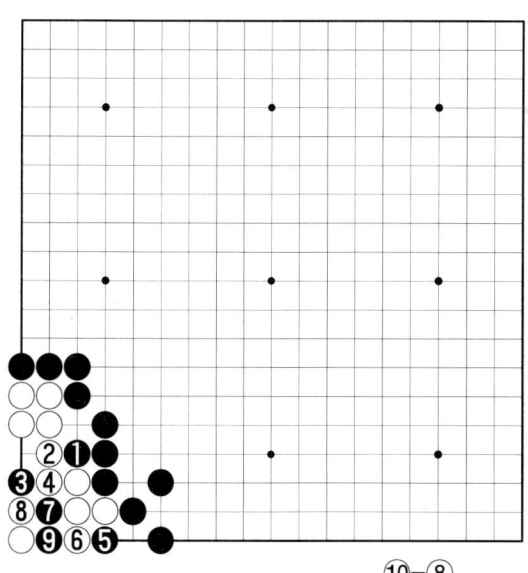

2图 倒扑

黑1冲，3点，白4接，以下至白10，黑遭"倒扑"被吃，黑失败。

⑩=⑧

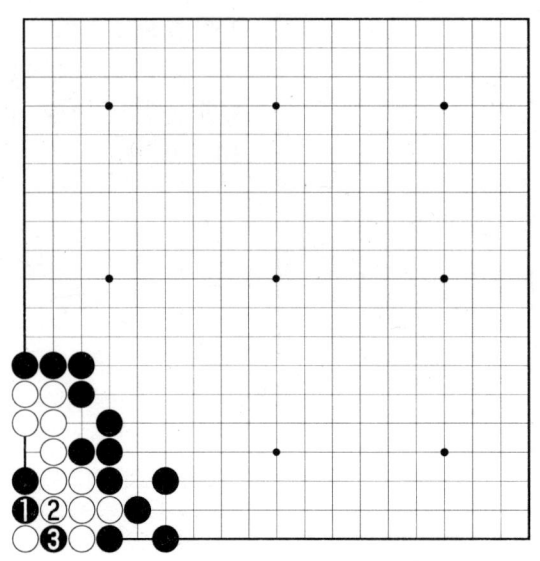

3图 打劫，黑失败

黑1打可以形成劫争，但打劫不是正解。

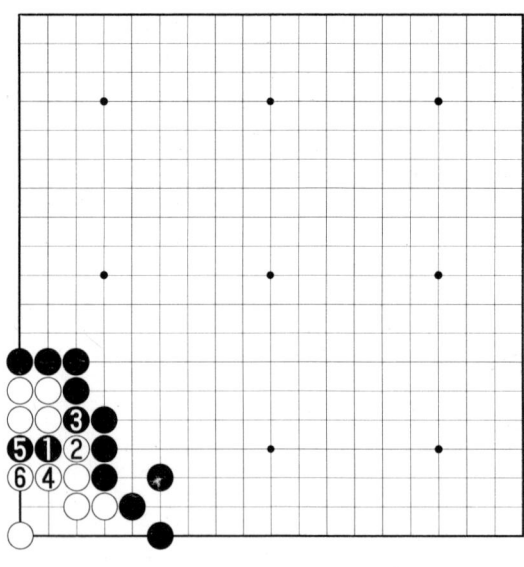

4图 见合

黑1靠，至黑5把白四子吃掉了，但白6挡后黑失败。

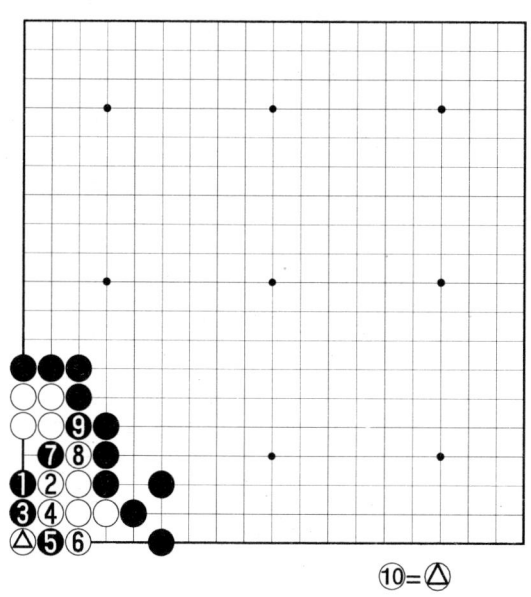

5 图 劫

黑1点，一眼看去是个急所，但白2顶，以下至白10仍是打劫。

⑩=△

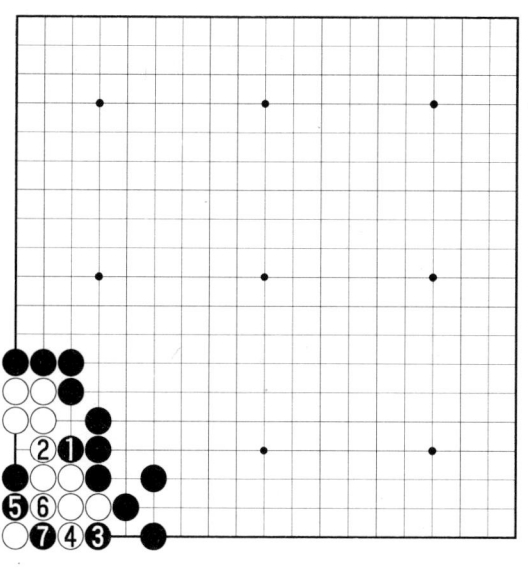

6 图 还原

黑1先冲再3扳，则还原成3图的打劫了。

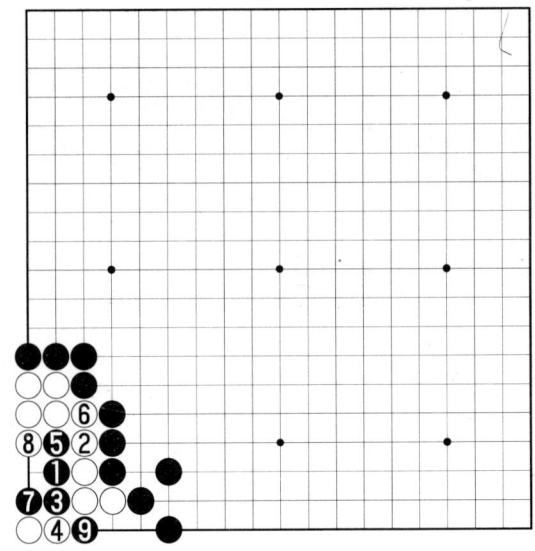

7图 正解

黑1靠是正解，白2退时黑3冲，白4渡过，黑5以下至黑9……

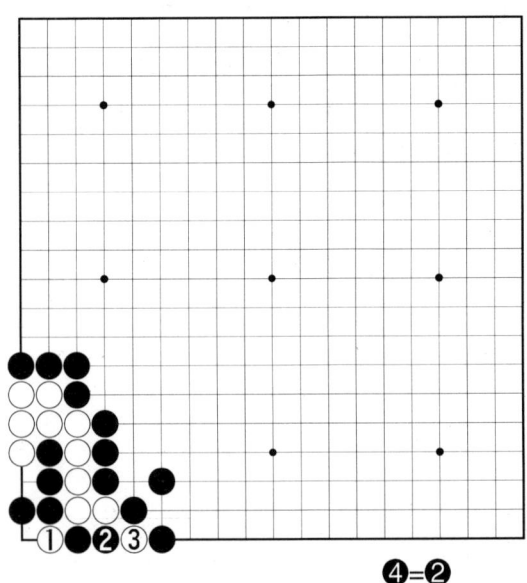

8图 刀把五，白净死

白1扑，黑2送吃绝妙，白净死。

❹=❷

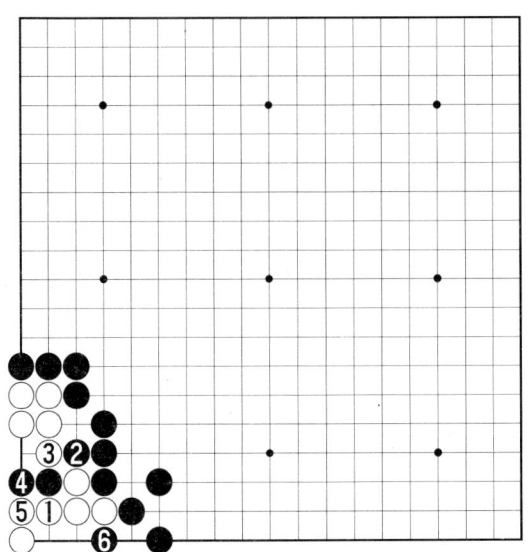

9图 不入气

白1拐，黑2冲，4立，至黑6，白不入气被杀。

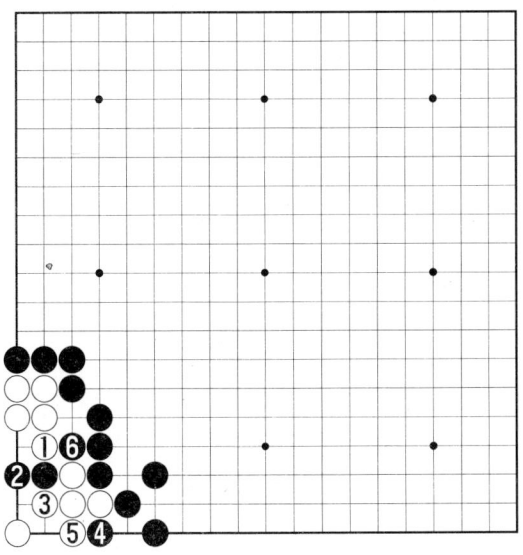

10图 大同小异

白1顶，黑2立，白仍然无法成活。

38. 耐之味（黑先）

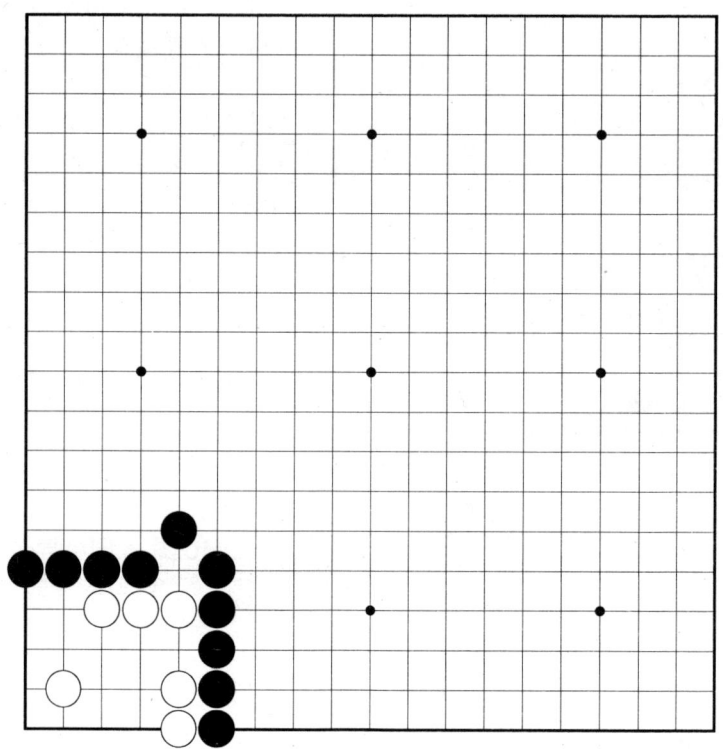

　　古语云，登山耐侧路，踏雪耐危桥。一耐字极有意味。如倾险之人情，坎坷之世道，若不得一耐字撑待过去，几何不坠入榛莽坑堑哉。

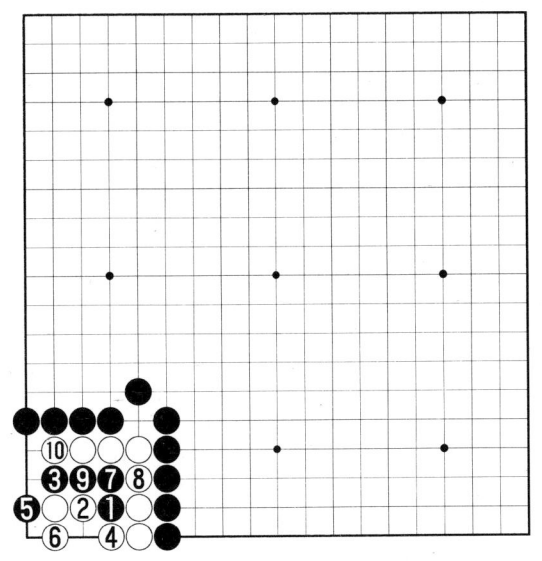

1图 白的反击Ⅰ

黑1靠，白2顶，黑3再靠时，白4底下打吃妙手，至白10，黑失败。

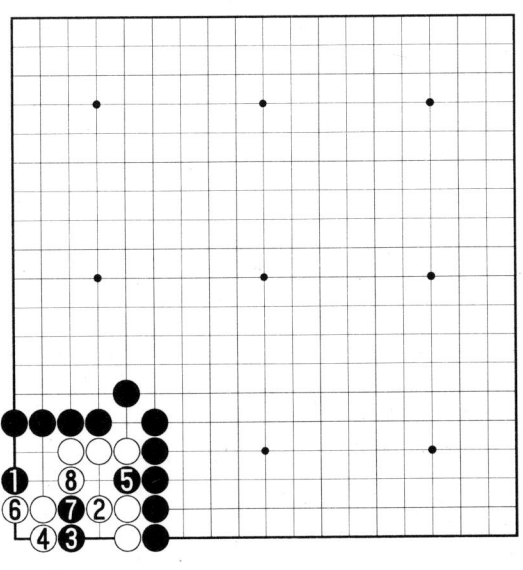

2图 白的反击Ⅱ

黑1跳，白2弯妙手，黑3点以下至白8……

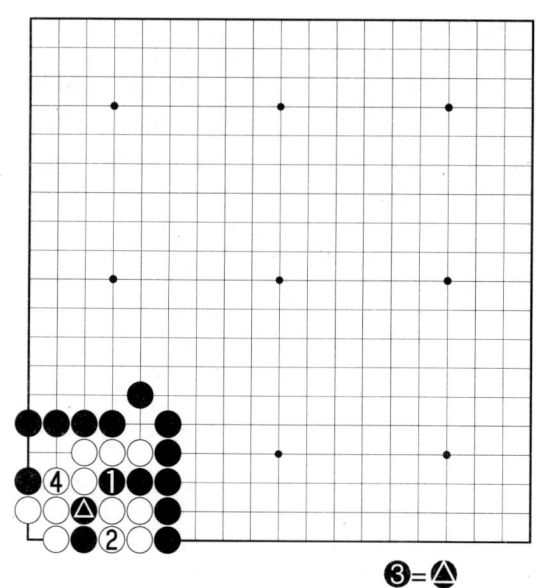

3图 倒脱靴

黑1打吃,白2提,黑3扑时白4接,"倒脱靴",白净活。

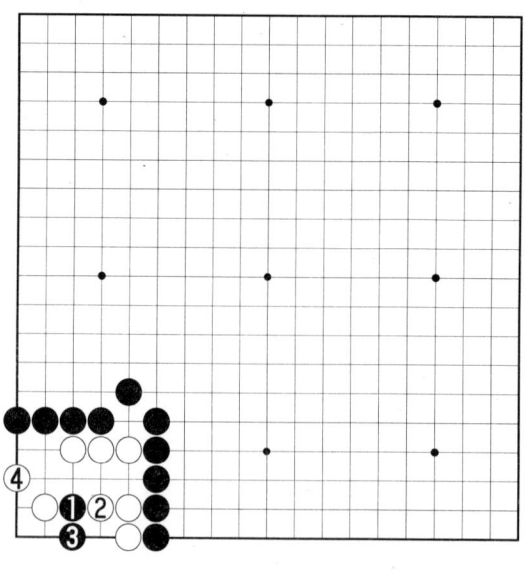

4图 白4妙手

黑1靠也像是好手,但白4尖妙手,白已净活。

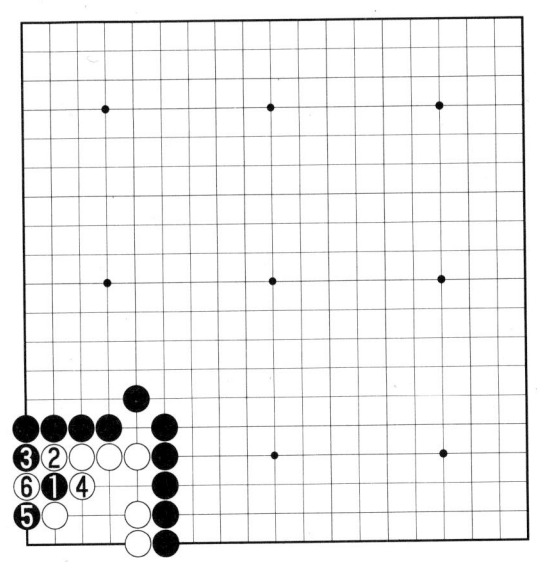

5 图 打劫

黑1靠，5扳成劫，但打劫不是黑的最佳结果。

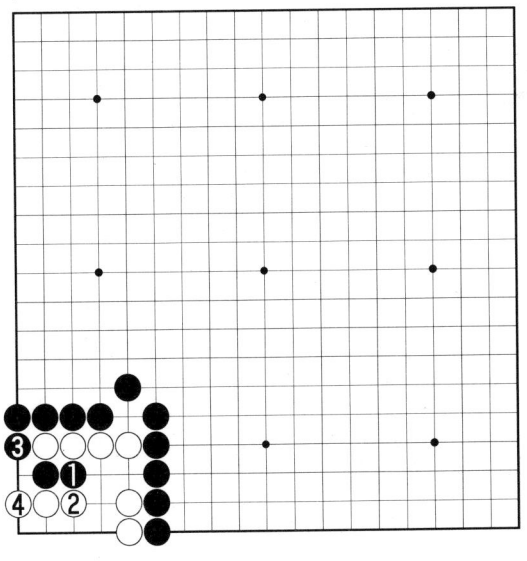

6 图 特殊的角

黑1先长再3位渡过，白4立净活。

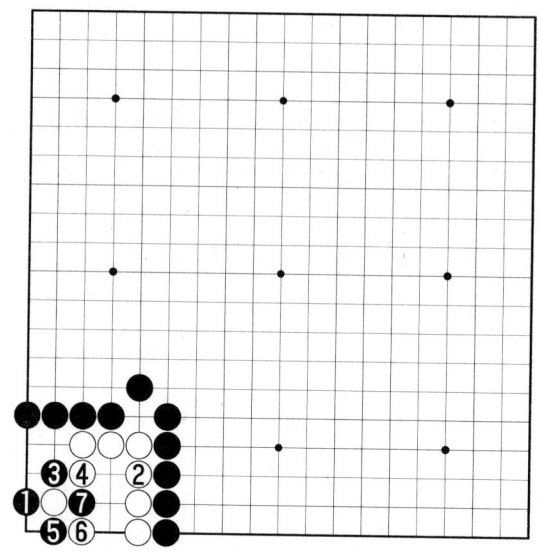

7图 正解

黑1靠绝妙,白2接时黑3扳,白4挡时黑5从底下打是十分重要的一步,白6挡,黑7提,白已净死。

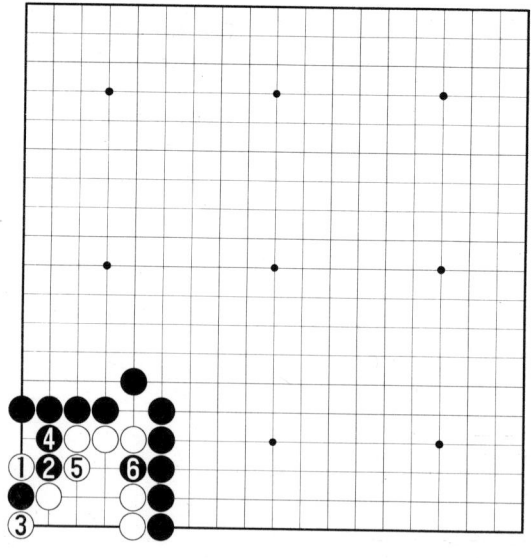

8图 变化

白1挡,黑2打吃以下至黑6,白仍净死。

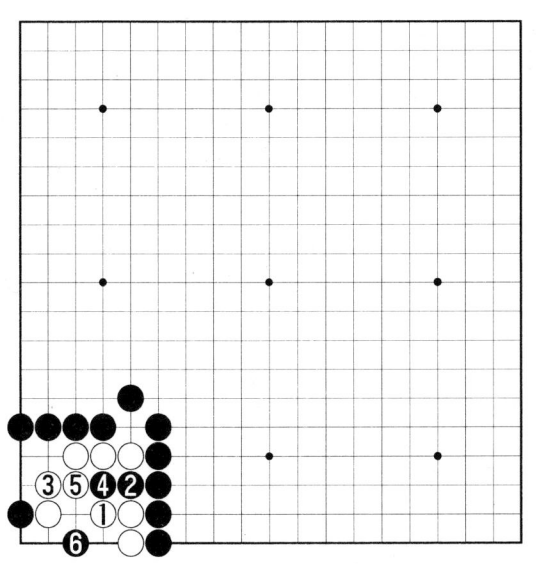

9图 手顺之妙

白1弯，黑2、4先冲再6位点是绝妙手顺，白净死。

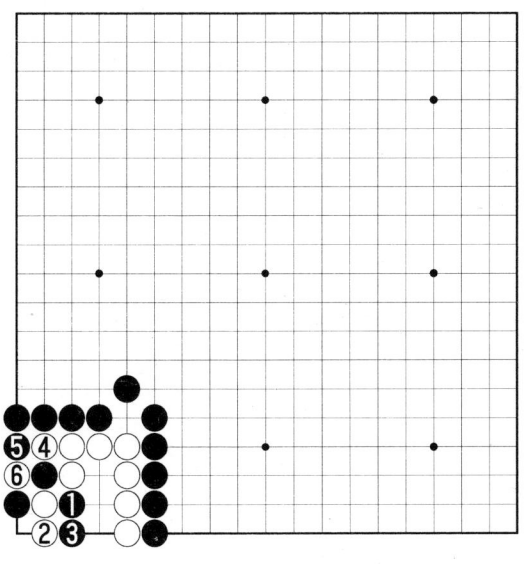

10图 黑的失误

黑1若从这边吃，白2下立，黑只能打劫杀白了，黑显然失败。

39. 心伏气平（黑先）

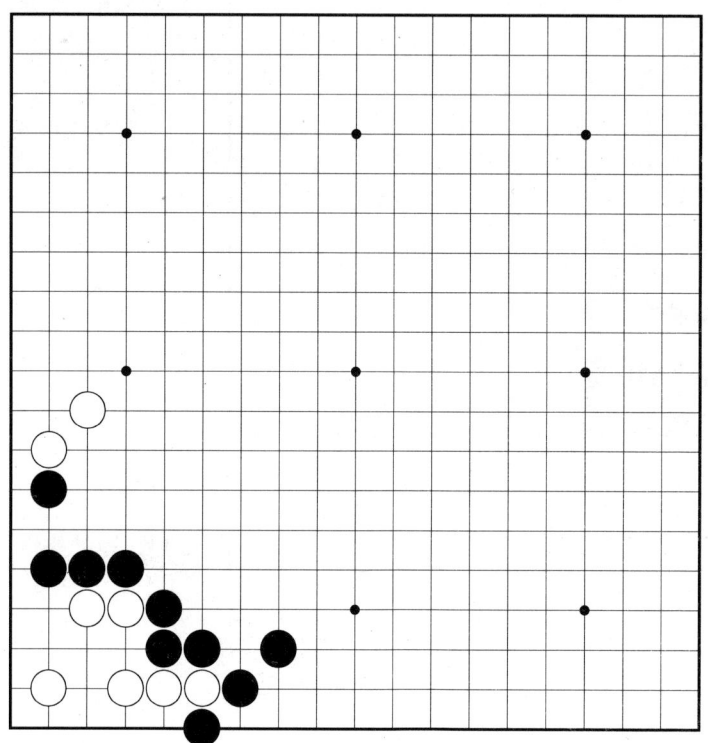

　　降魔者，先降自心，心伏则群魔退厅；驭横者，先驭此气，气平则外横不侵。

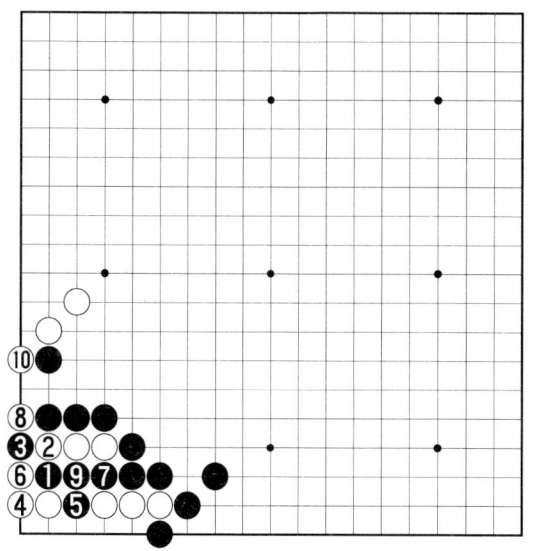

1图 黑束手无策

黑1靠是第一感,但白2冲,4立好手,以下至白10安全连回,黑失败。

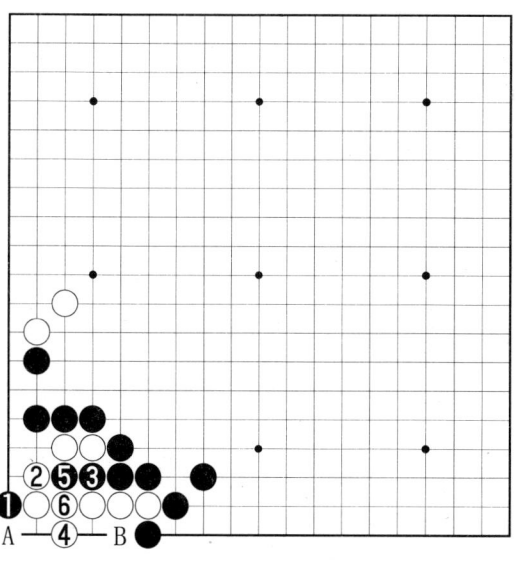

2图 白4妙手

黑1靠,白2退,黑3冲时白4妙手,A、B两点必得其一,白已净活。

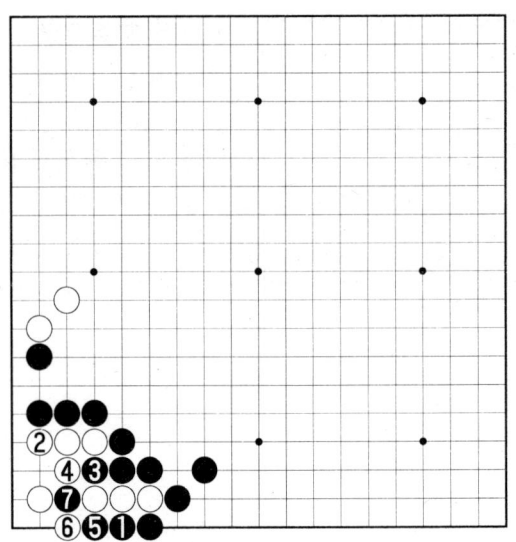

3图 劫的开始

黑1爬,白2挡时黑3冲、5打,白6挡,黑7以下……

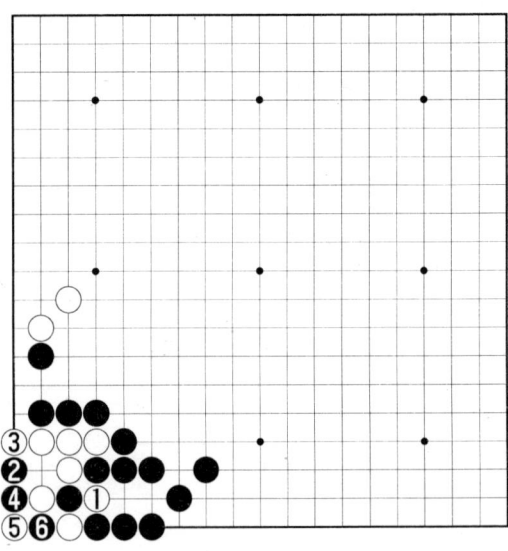

4图 续上图

白1提,黑2以下至黑6形成两手劫,黑失败。

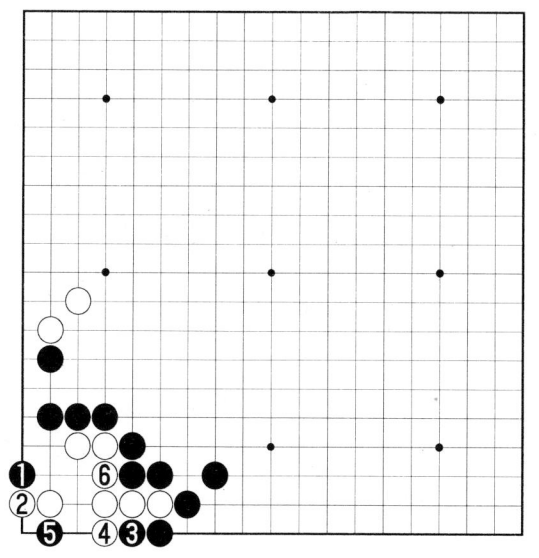

5图 黑仍然无策

黑1小飞，3爬，白4挡时，黑5托，白6接，黑束手无策。

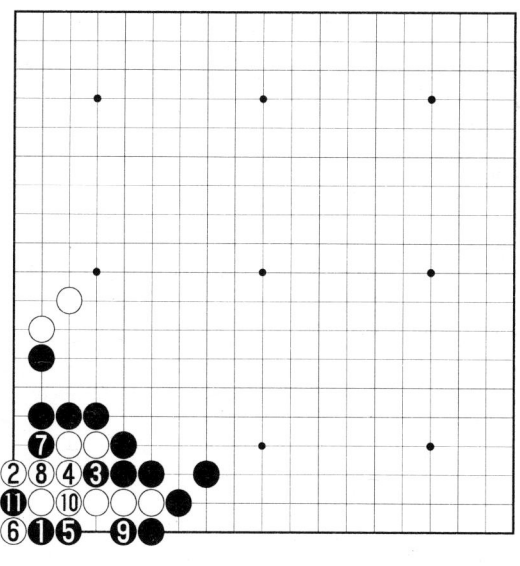

6图 正解

黑1托是妙手，白2尖最强应手，黑3以下至黑11，做成紧气劫是正解。

40. 天人合一（黑先）

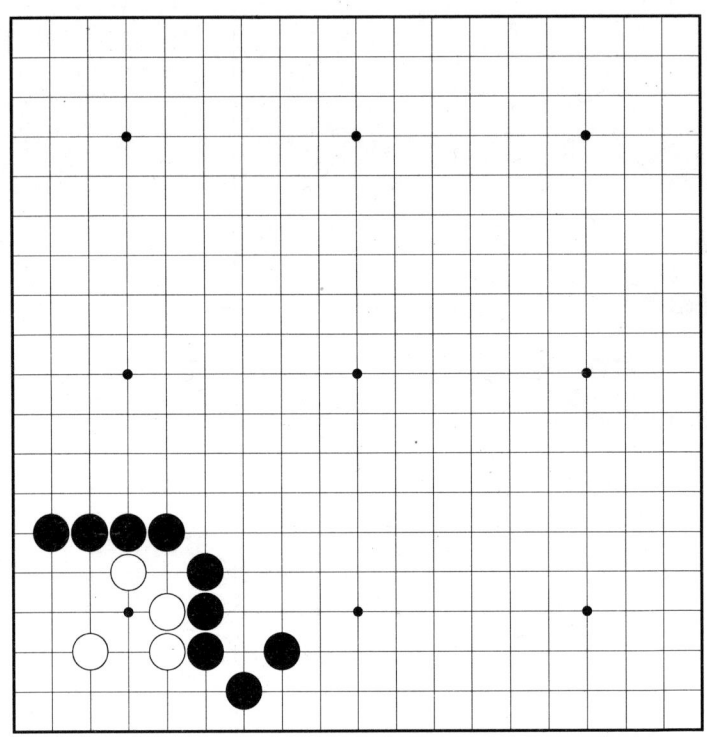

兴逐时来，芳草中彻履间行，野鸟忘机时作伴；景与心会，落花下披襟兀坐，白云无语漫相留。

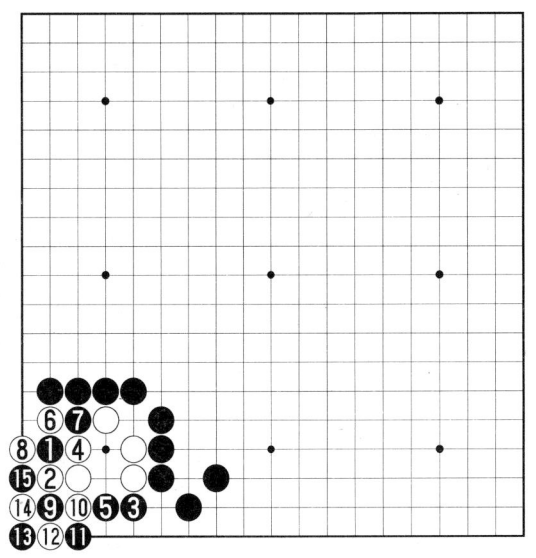

1图 打劫，失败

黑1跳、3虎像是可以杀白的样子，但白4以下至黑15形成劫争，黑失败。

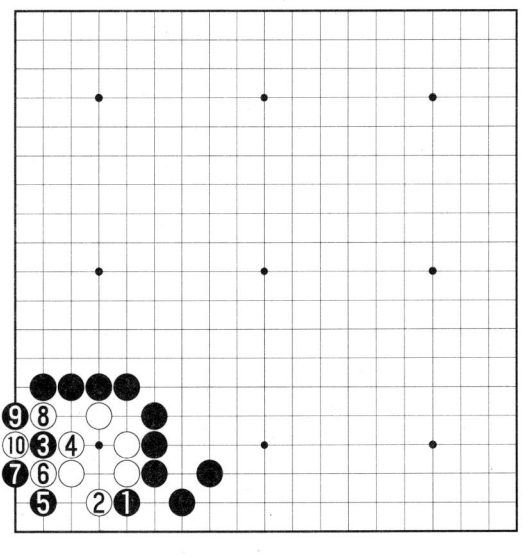

2图 依然是劫

换一下顺序，黑1先虎再3跳，白4压以下至白10仍然成劫。

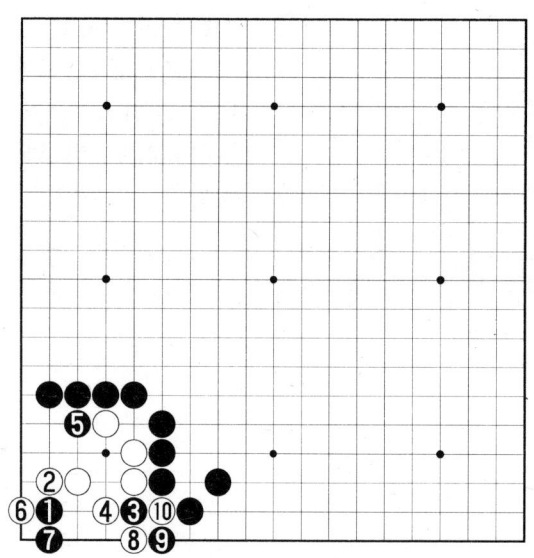

3图 继续是劫

黑1点，白2挡，黑3虎，黑5破眼，至白10止还是打劫。

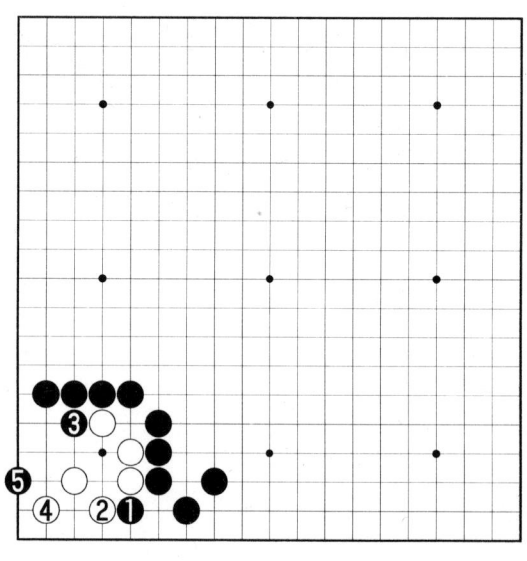

4图 正解

黑3是绝妙的一步，白4虎，黑5大飞，白净死。

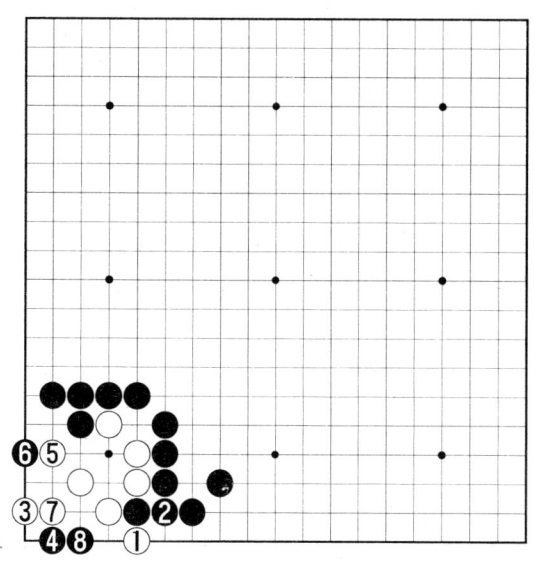

5图 变化Ⅰ

白1打吃，3位小飞，黑4点，白5尖时黑6托好棋，白净死。

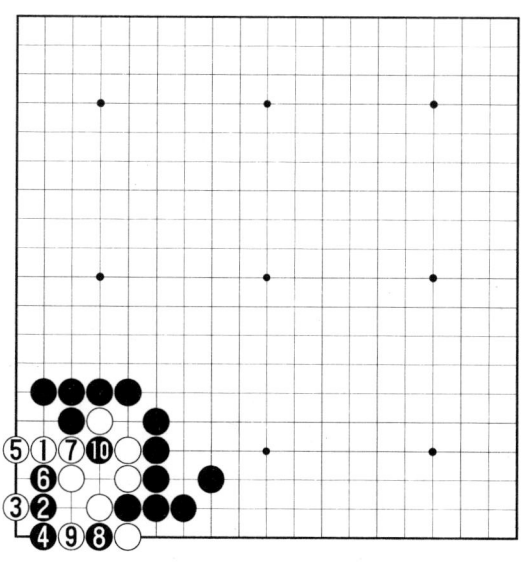

6图 变化Ⅱ

白1尖，黑2点，白3托以下至黑10，白仍不能成活。

41. 趣与闲（黑先）

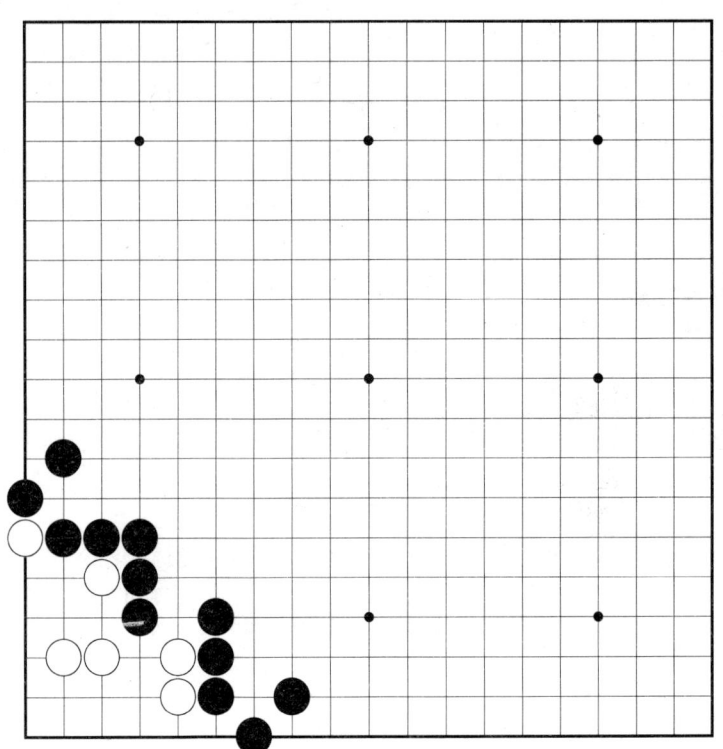

矜名，不若逃名趣；练事，何如省事闲。

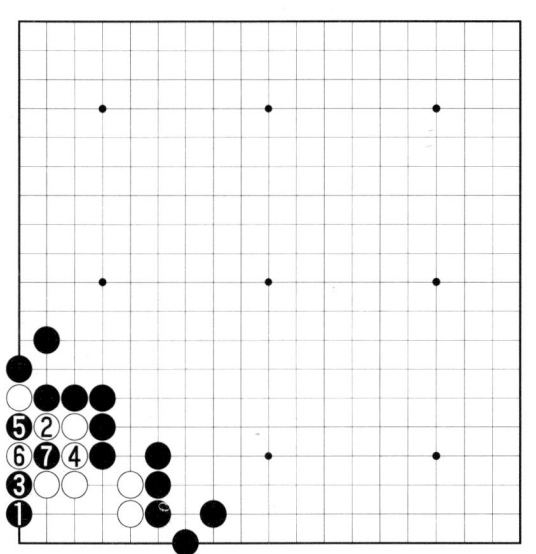

1图 打劫，黑失败

黑1点，白2挡，以下至黑7形成劫争，但打劫并非黑的最佳结果。

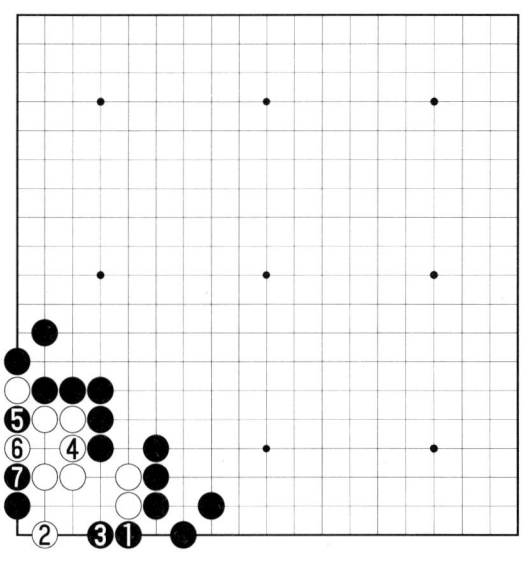

2图 仍是打劫

黑1扳，白2跳好手，至黑7仍然形成劫争。

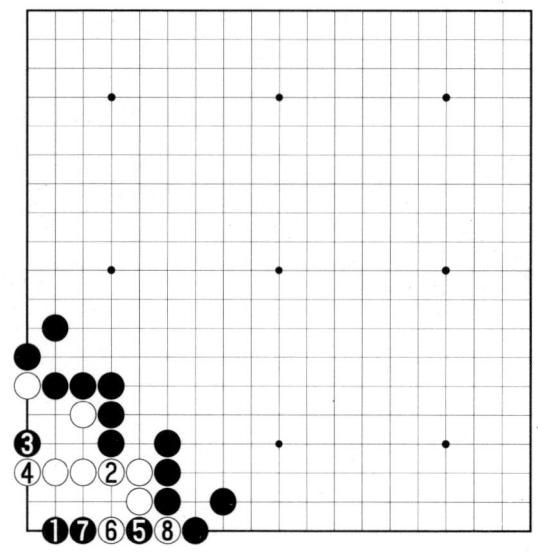

3图 继续努力

黑1先点,白2接,黑3小飞,白4挡,黑5以下至白8还是打劫。

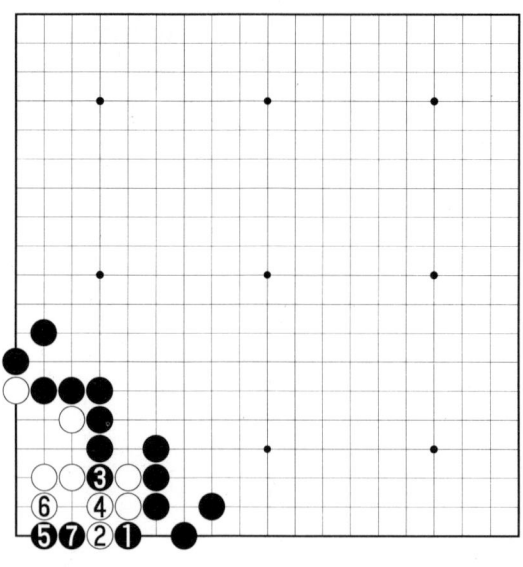

4图 先扳再点

黑1扳,3冲,再5位点是急所,黑7以下……

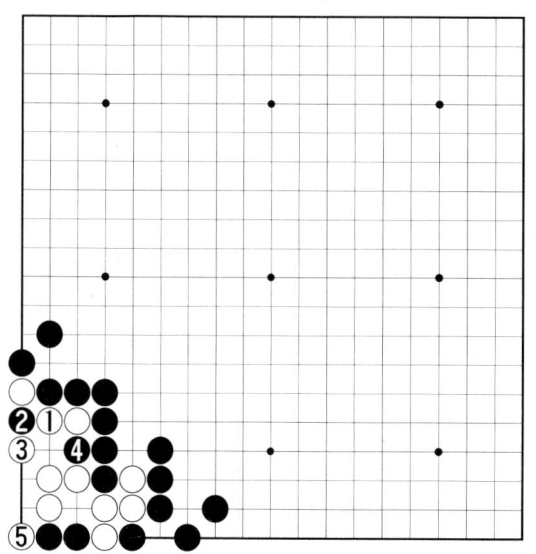

5图 继续 I

接上图，白1挡，黑2提、4冲，白5扑是好棋……

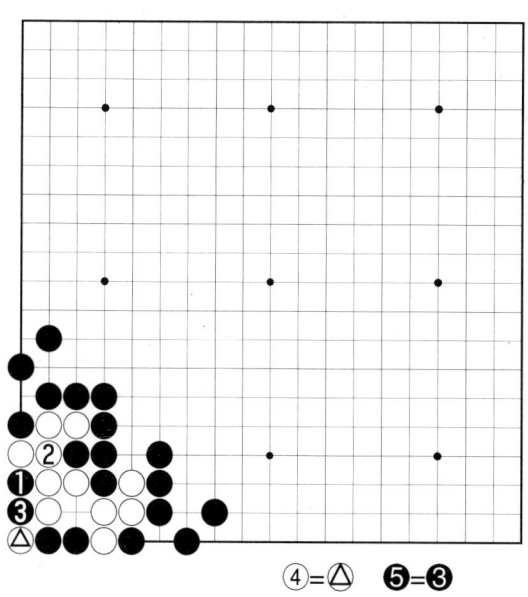

6图 继续 II

接上图，黑1扑绝妙！以下至黑5是必然，形成"连环劫"，白净死。

42. 事与能（黑先）

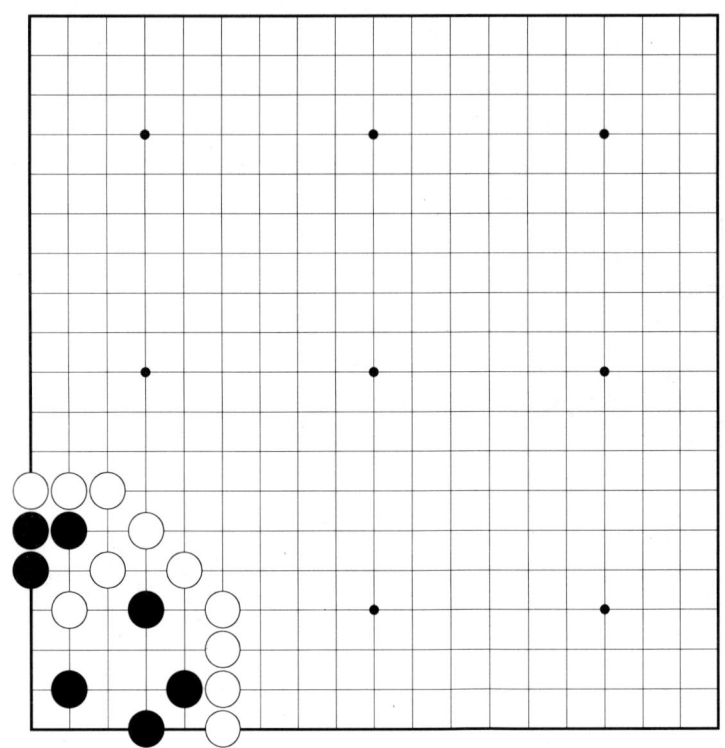

钓水，逸事也，尚持生杀之柄；弈棋，清戏也，且动战争之心。可见喜事不如省事之为适，不若无能之全真。

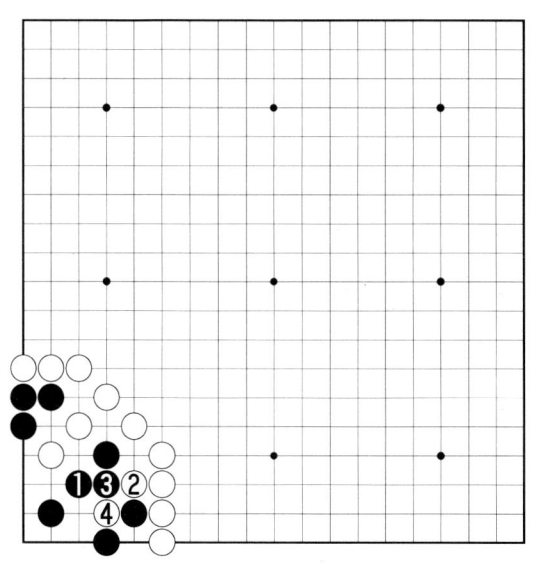

1图 无谓的尖

黑1尖,白2冲,黑3挡时白4扑,黑净死。

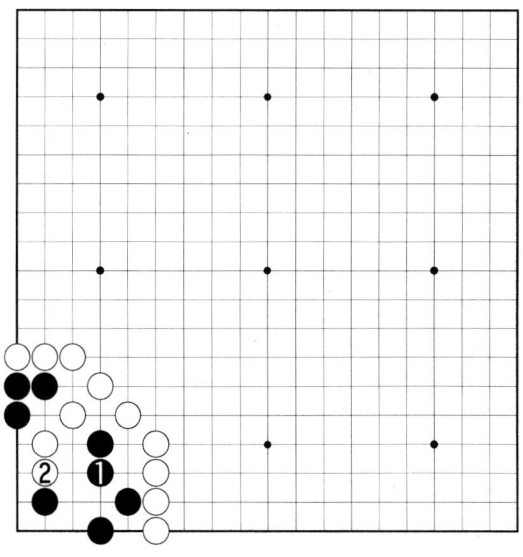

2图 方向错误

黑1看似冷静地并,白2简单一顶,黑已净死。

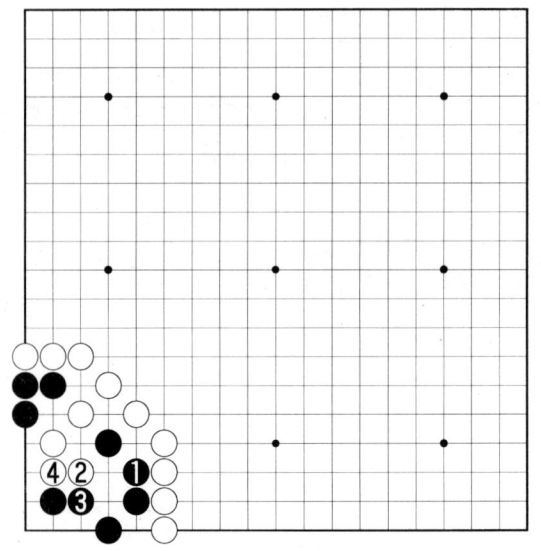

3图 失败

黑1贴，白2尖，4团，黑还是活不了。

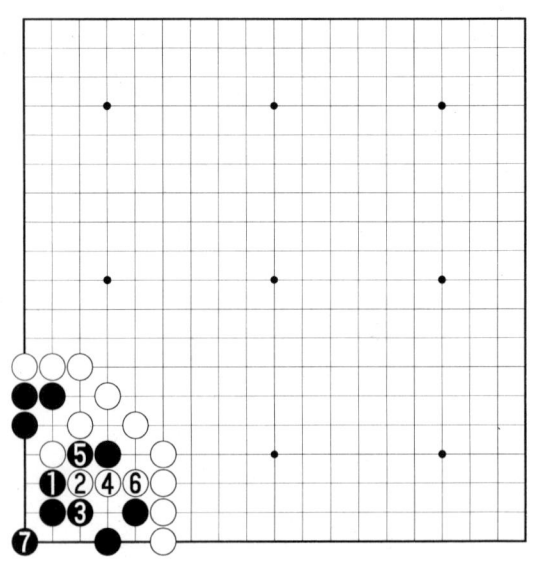

4图 正解

黑1顶是要点，白2只有扳，黑3拐，黑5先断好次序，黑7尖，接下来……

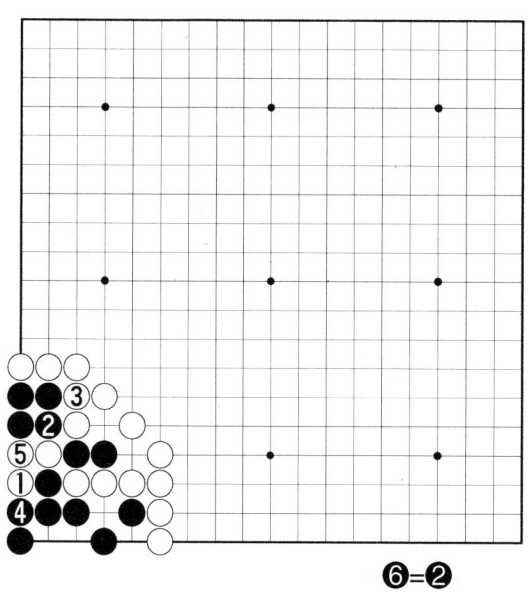

5图 继续

白1扳,黑2打吃,白3打时黑4从后面打吃绝妙,至黑6净活。

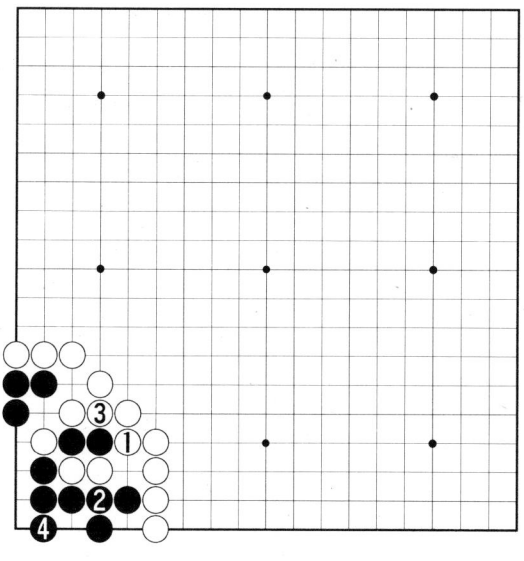

6图 变化

白1吃住黑二子,黑2打吃后4做眼,黑净活。

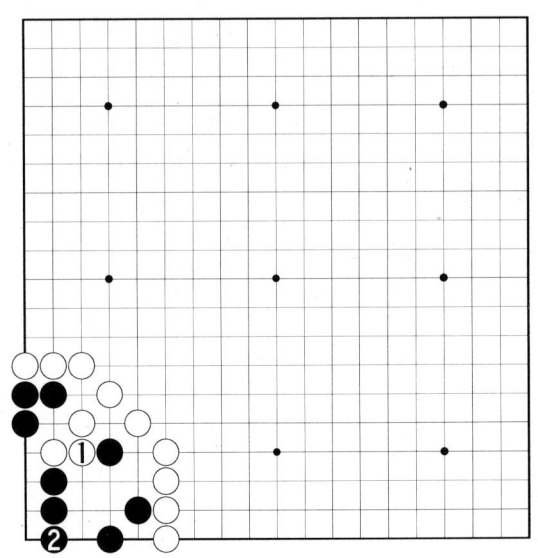

7图 黑2，要点

4图中的白2改为本图白1团，黑2立下是要点，黑已净活。

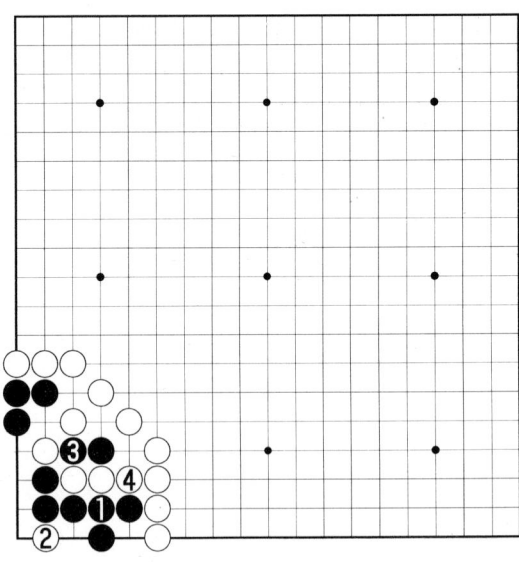

8图 次序

4图中黑5若大意黑1接，白2托，黑3打吃，白4接，黑无下一手。

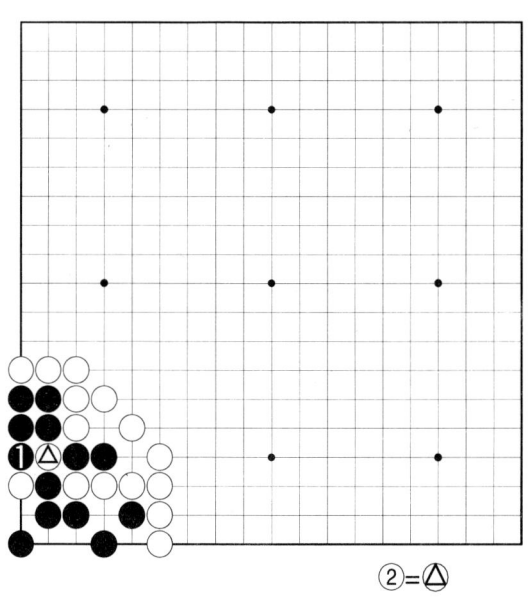

9 图 黑失误

5图黑4若如本图黑1提,则是严重失误,白2提后……

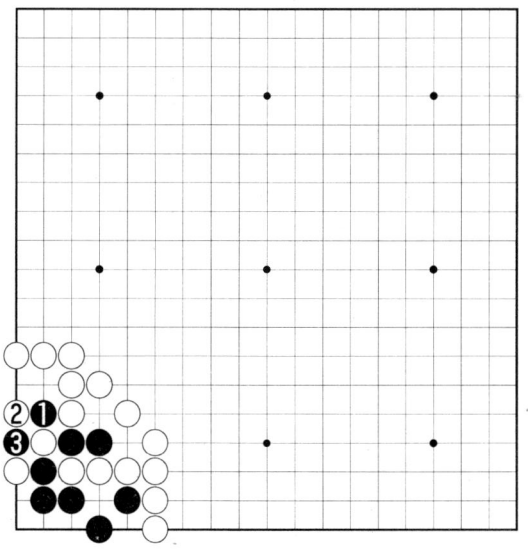

10 图 劫

黑1断吃,白2打,形成劫争,黑失败。

43. 雌雄之争（黑先）

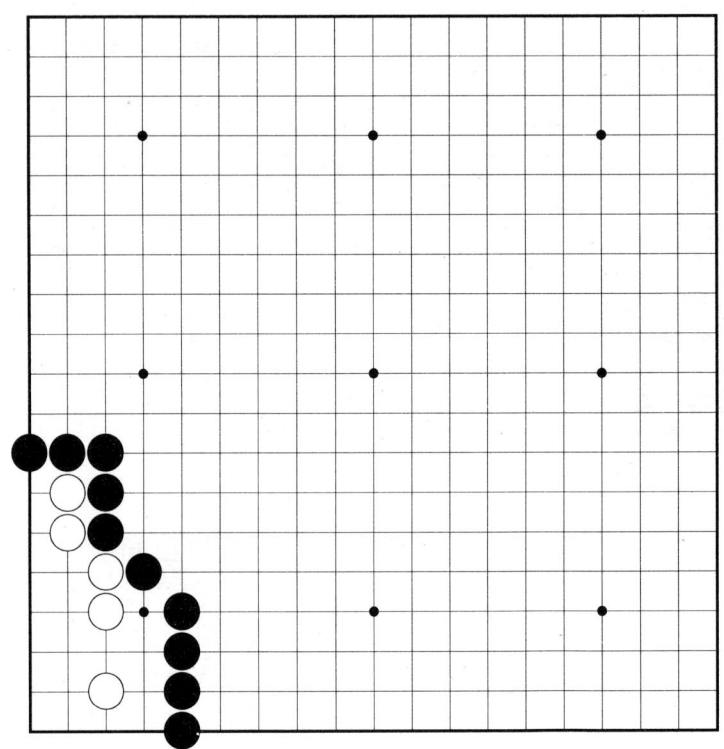

俳人，傅粉调朱，效妍丑于毫端，俄而歌残场罢，妍丑何存？弈者，争先竞后，较雌雄于著子，俄而局尽子收，雌雄安在？

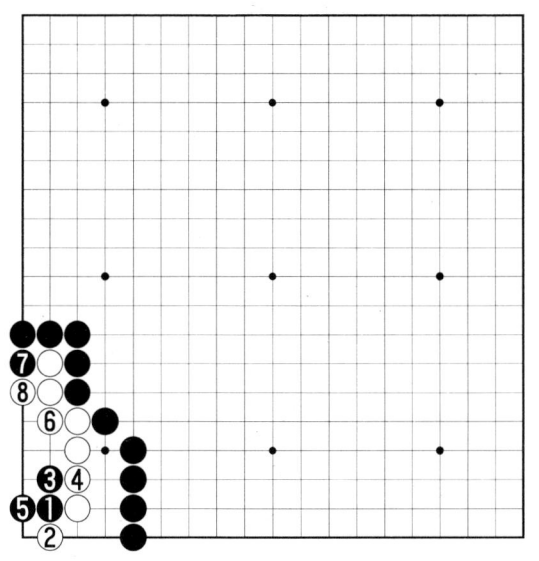

1图 舒服地做活

黑1靠，展示才能的一手，但白2以下至白8，黑无法杀白。

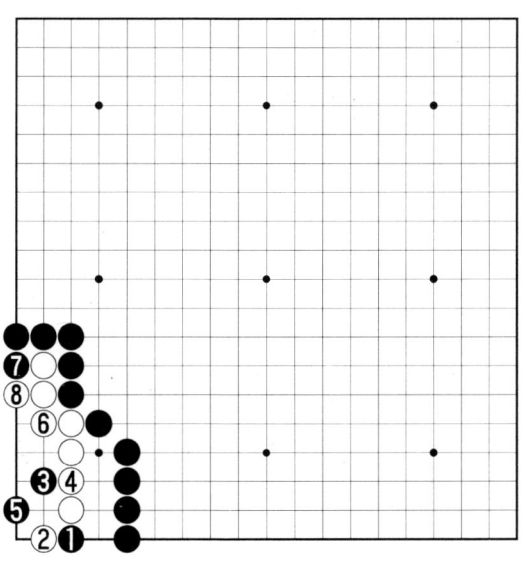

2图 大同小异

黑1托，3点，以下至白8仍是差不多的结果。

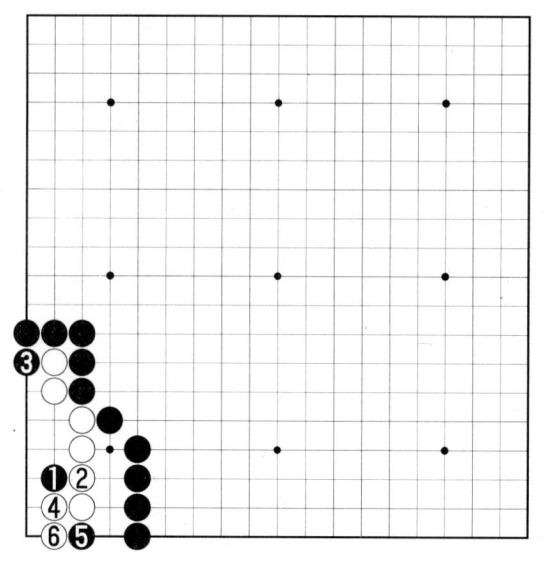

3图 正解

黑1点，白2接时黑3拐，冷静的好手，白6以后……

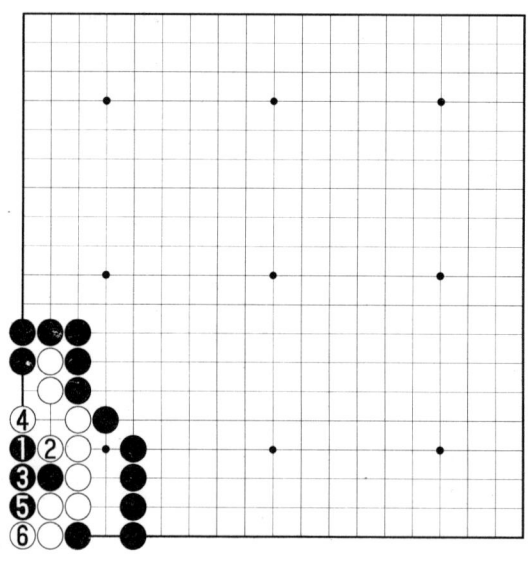

4图 妙手

黑1尖妙手，黑5多送吃一子又是好手，白6提……

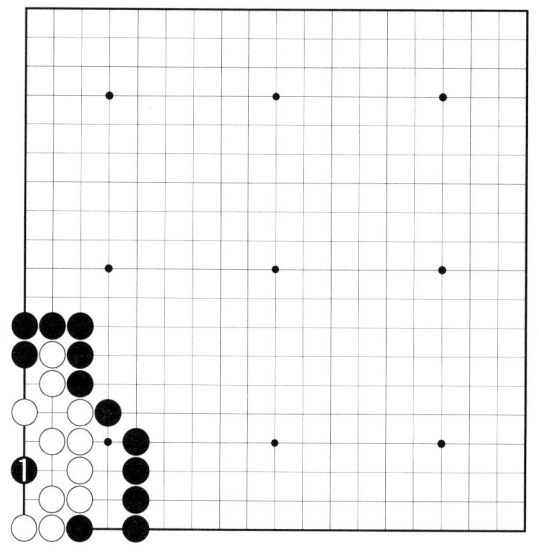

5图 白净死

黑1点,白已净死。

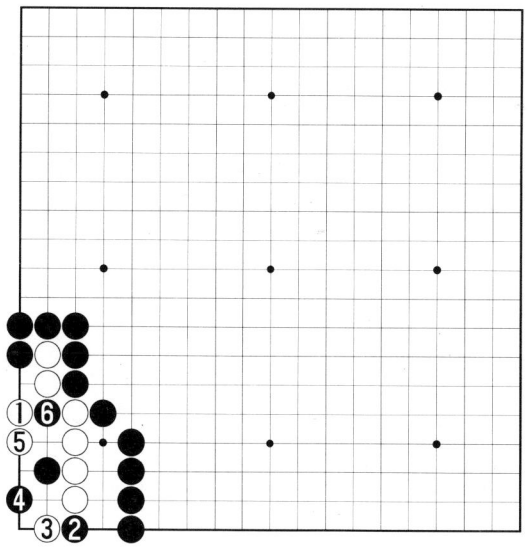

6图 白仍净死

3图中白4改为本图白1虎,黑2以下至黑6,白仍是净死。

44. 美德（黑先）

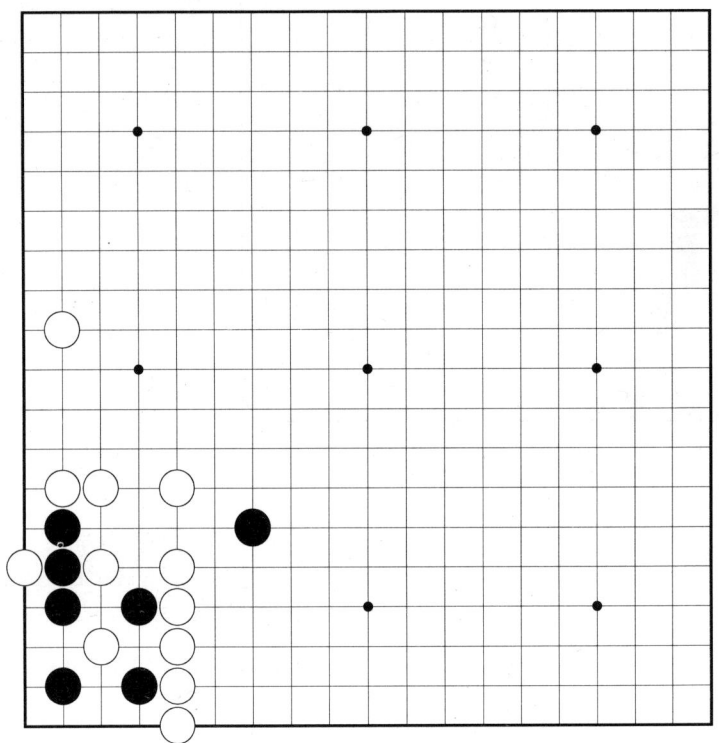

　　清能有容，仁能善断，明不伤察，直不过矫；是谓蜜饯不甜，海味不咸，才是懿德。

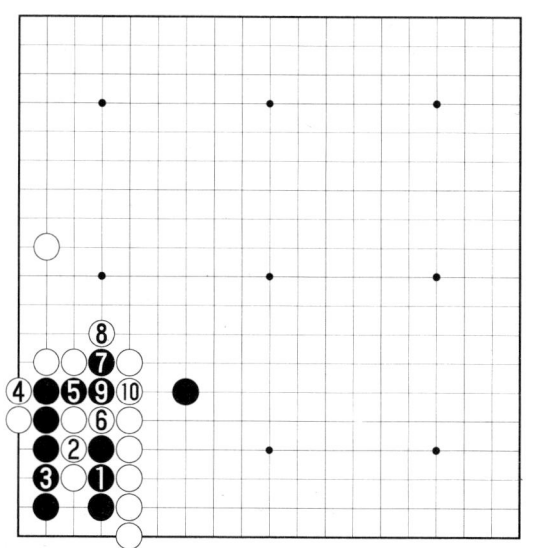

1图 想当然

黑1接，3继续接，以下至白10似乎是必然……

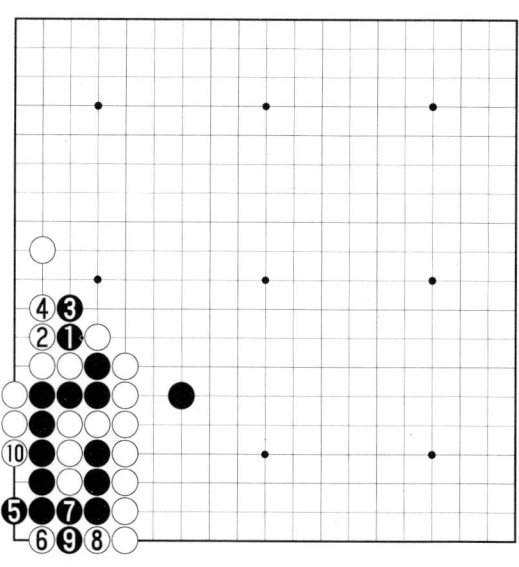

2图 继上图

黑1、3断，黑5弯时白6托好手，至白10，黑不入气被杀。

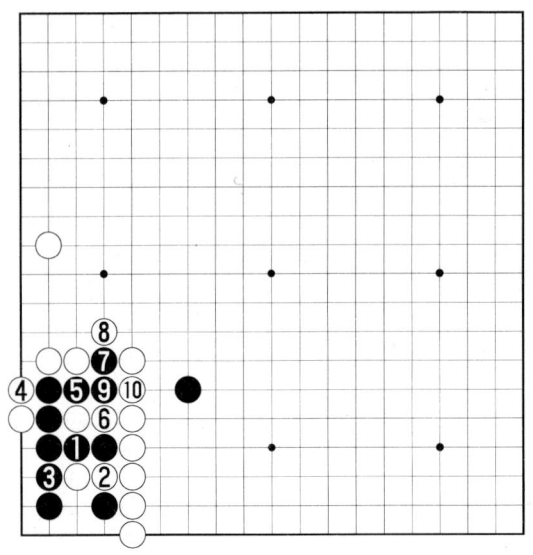

3图 一样的失误

黑1从另一边接,白2接后跟1图一样的结果,接下来……

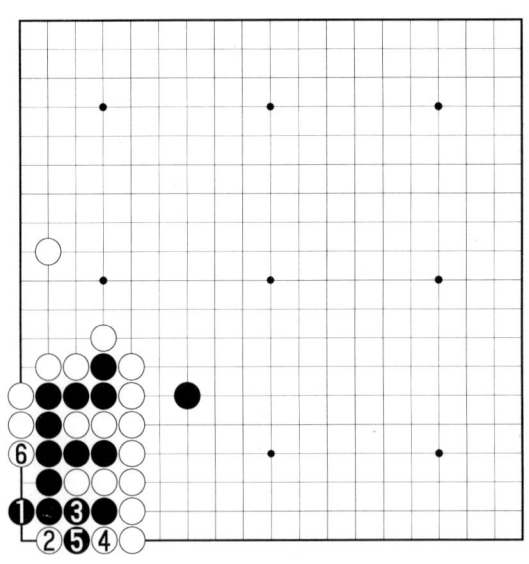

4图 黑不入气

黑1弯,白2托,至白6止黑仍是不入气被杀。

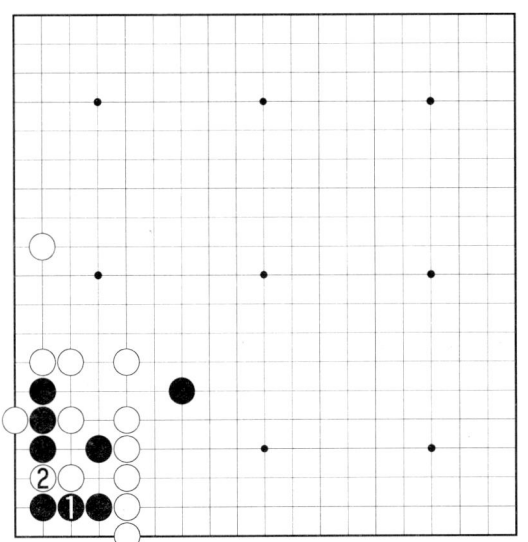

5图 计算不够准确

黑1下边接似急所,白2简单地冲,黑不行。

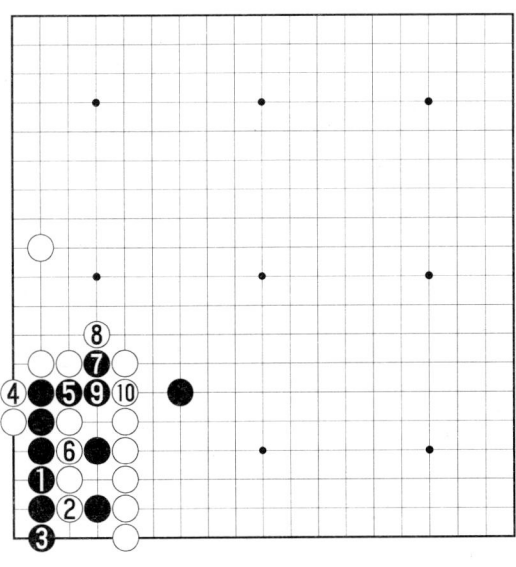

6图 正解

黑1接是急所,白2冲时黑3立下冷静,白4渡过时黑5单冲,以下至白10……

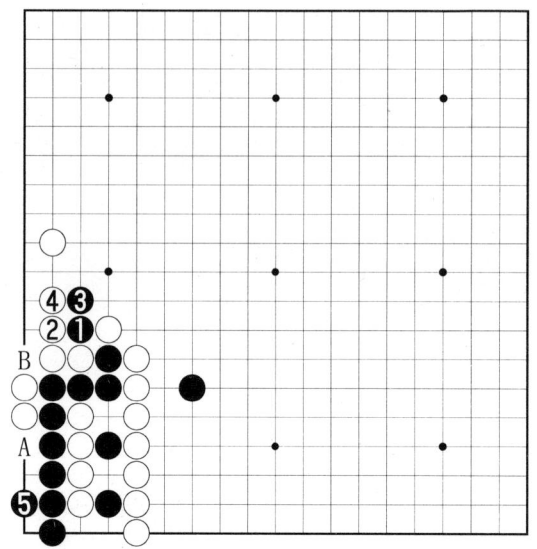

7图 继续

黑1断、5弯，黑已净活，白A爬的话，黑B扑，白接不归。

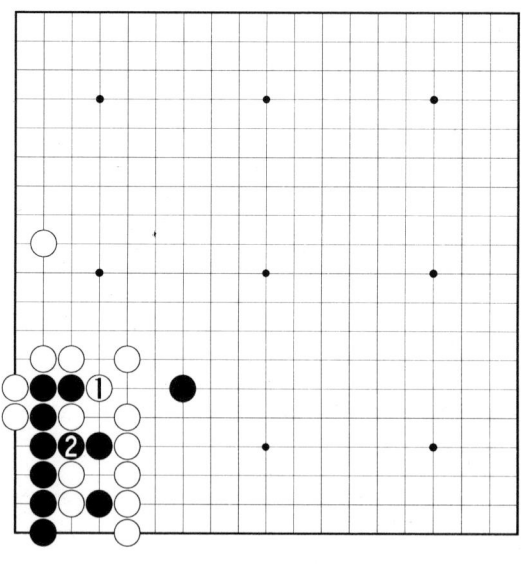

8图 变化

6图中的白6若白1挡，黑2打吃简单成活。

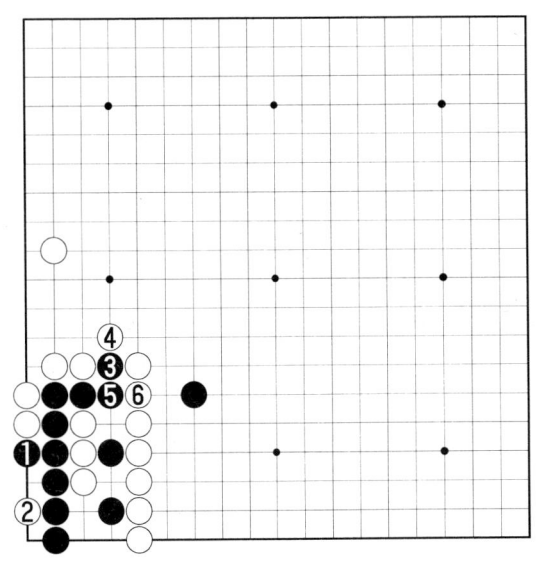

9图 黑的失误

黑先挡是严重的失误,白2点,黑3挖,白4、6应对,接下来……

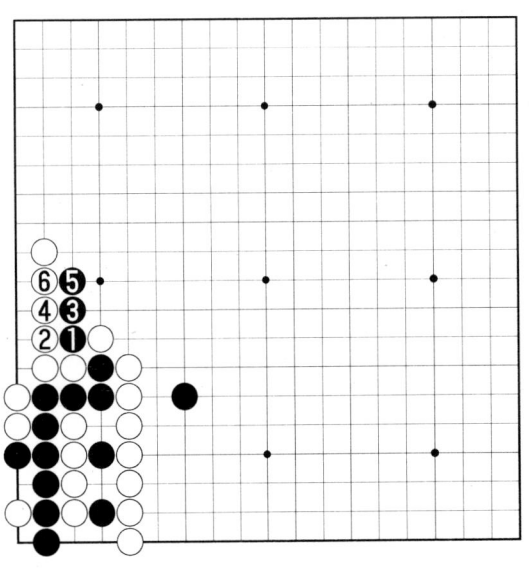

10图 净死

黑1断,以下至白6,黑净死。

45. 再接再励（黑先）

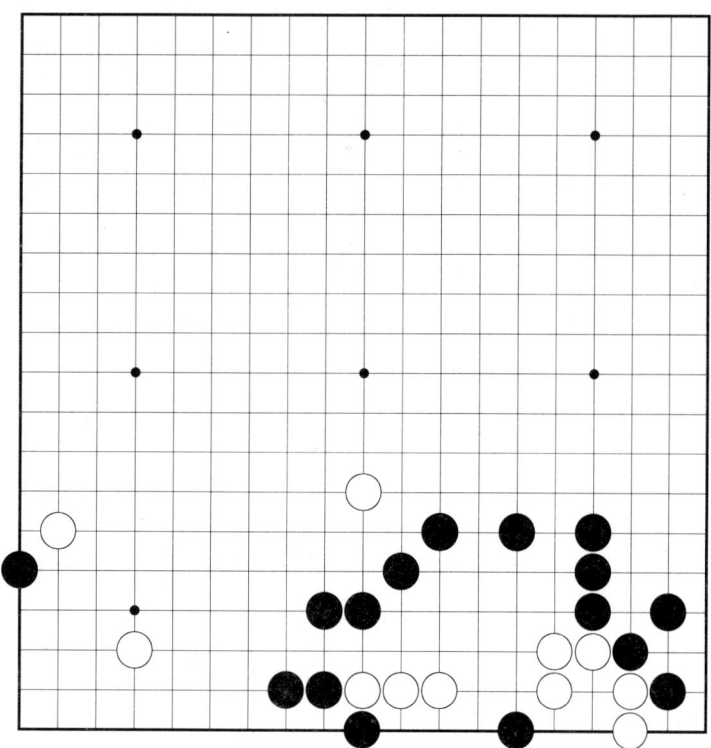

泛驾之马，可就驰驱；跃冶之金，终归型范。只一优游不振，便终身无个进步。

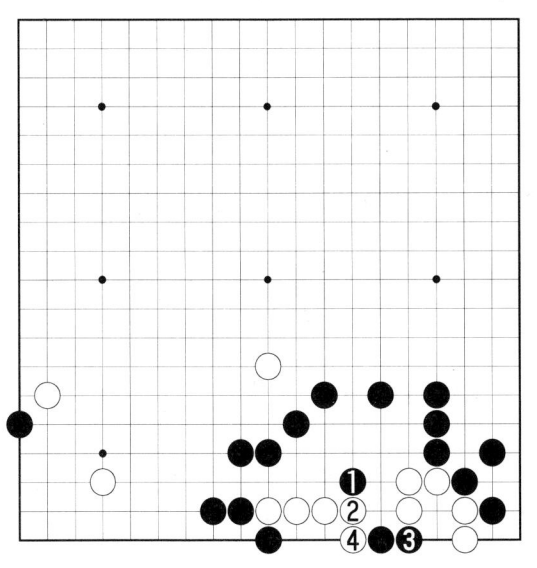

1图 见合

黑1点,白2挡,黑3爬时,白4简单做活了。

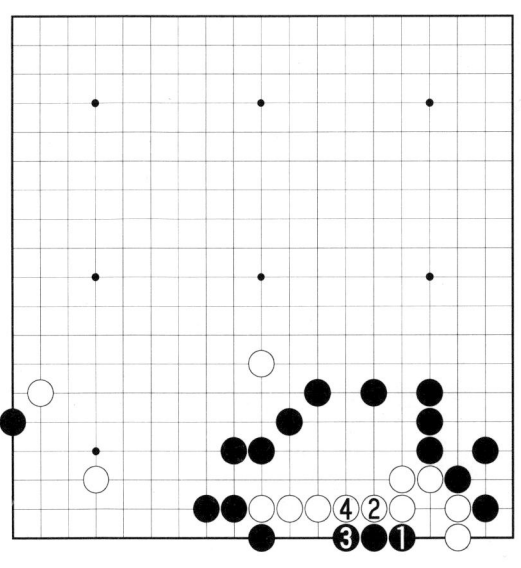

2图 简单

黑1爬,白2压,黑3长时白4接简单成活。

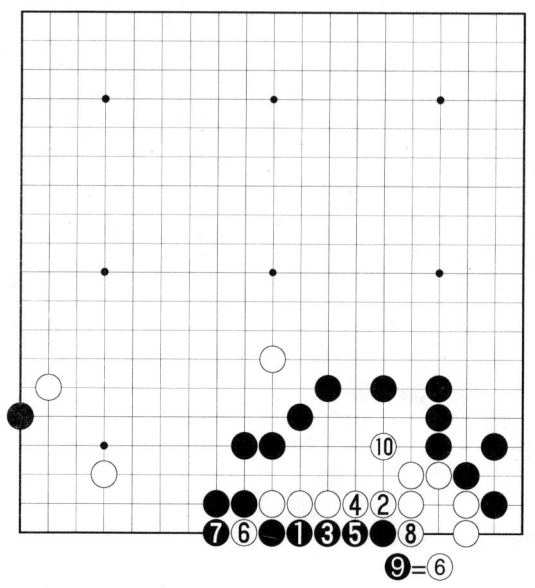

3图 正解

黑1一线爬是难以想到的好手，白2以下至白10是必然的进行……

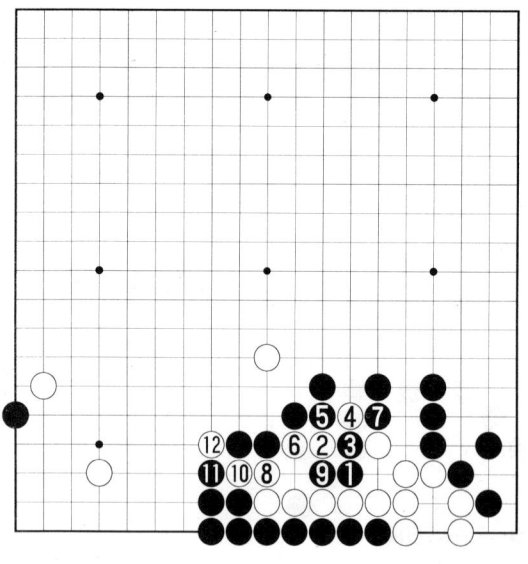

4图 续Ⅰ

黑1点，白2以下至白12又形成新的复杂的战斗……

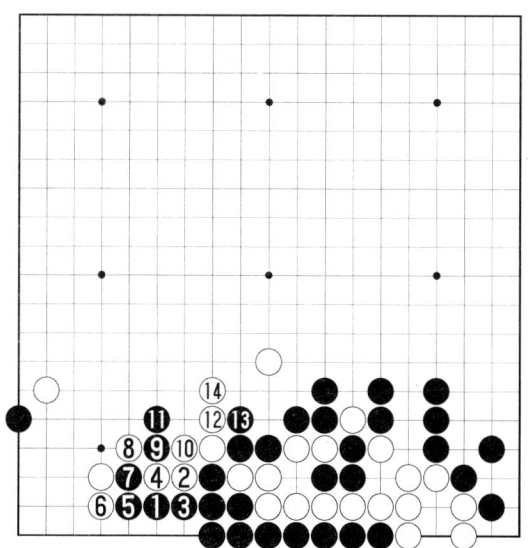

5图 续Ⅱ

黑1二路跳是强手,白2以下至白14,双方都是最强应对……

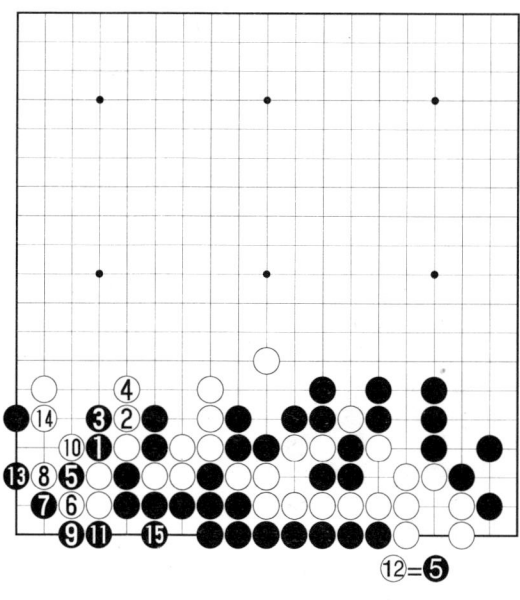

6图 续Ⅲ

黑1、3打后黑5扳,以下至黑15,白慢一气被杀。

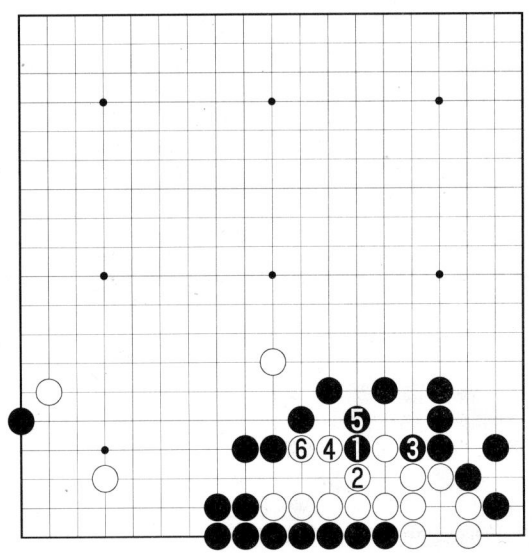

7图 黑的失误Ⅰ

黑1靠，失误，白2顶，黑3挤时白4打、6挤就做活了。

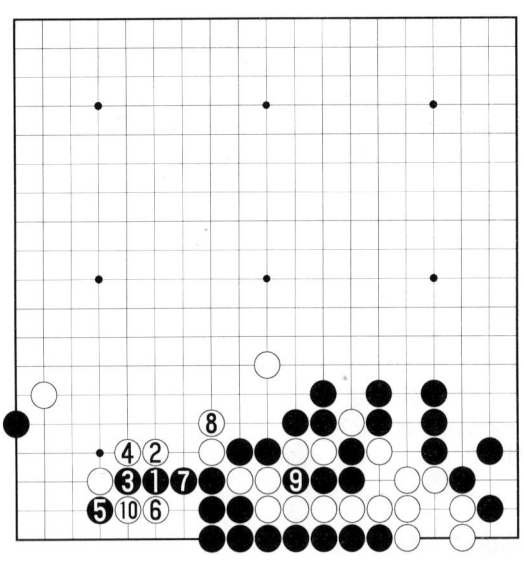

8图 黑的失误Ⅱ

黑1若于三路跳，白2靠好棋，黑3顶、5扳时，白6夹妙手，至白10止，黑失败。

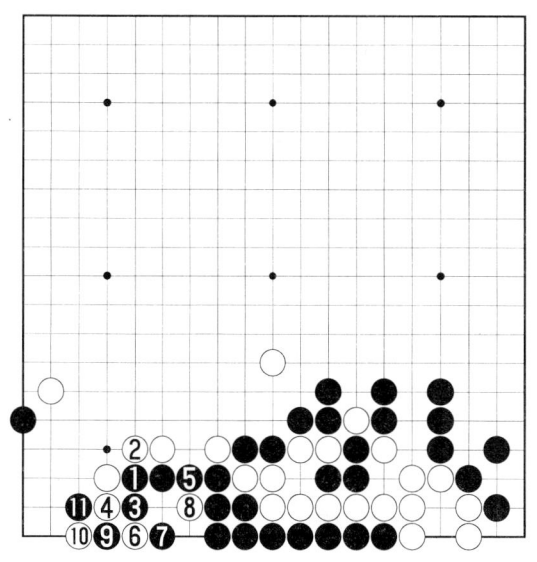

9图 黑的失误Ⅲ

黑1顶,白2挡时黑3弯,以下至黑11形成劫争,黑失败。

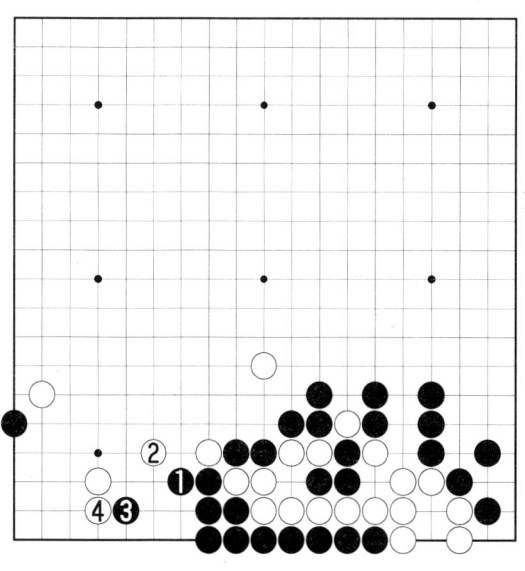

10图 黑的失误Ⅳ

黑1曲,白2跳是好手,黑3飞,白4挡,黑还是失败。

特色问题2（黑先）

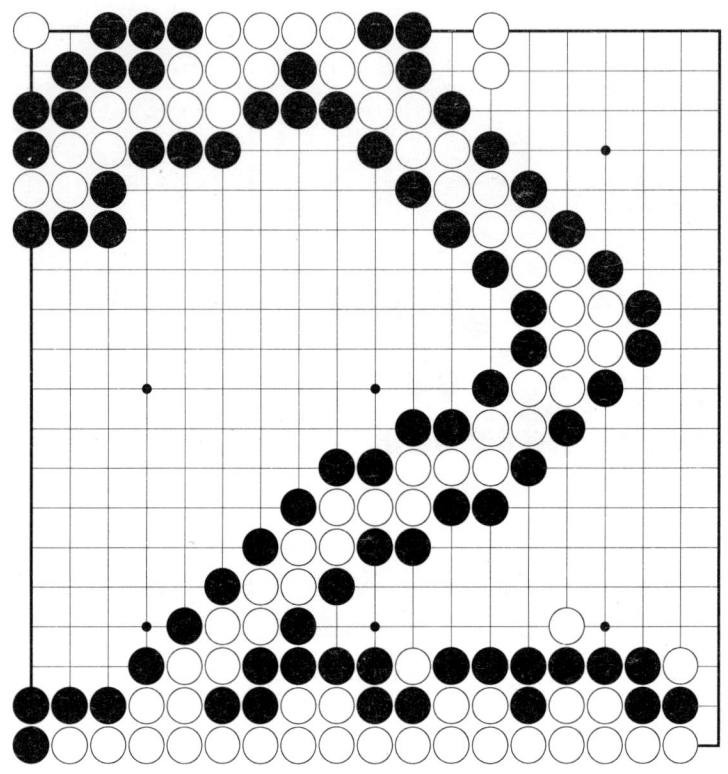

放眼看去，全局形成一幅非常有意思的图，这是答案的最终结果，看上去像一个"2"的样子，很有趣。

问题图

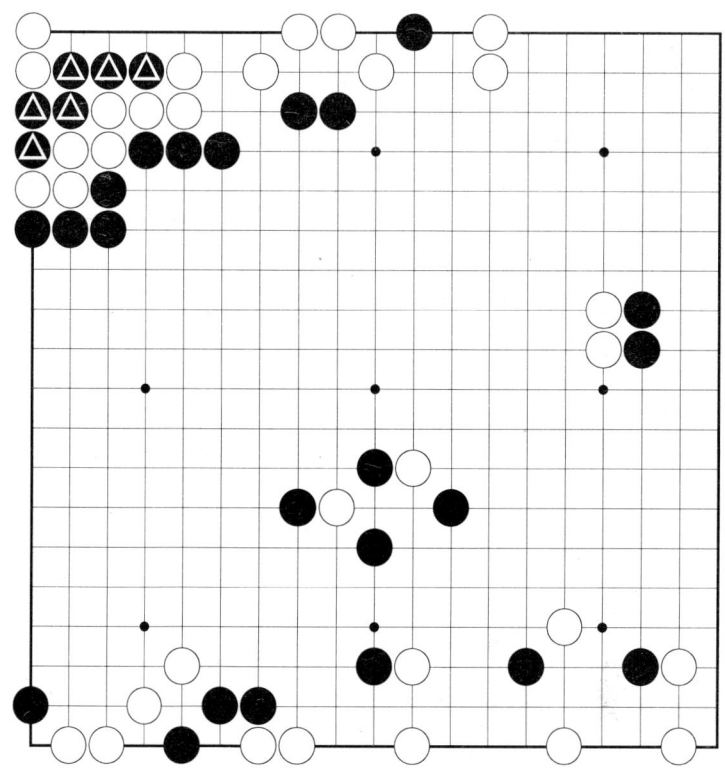

1 图 正解

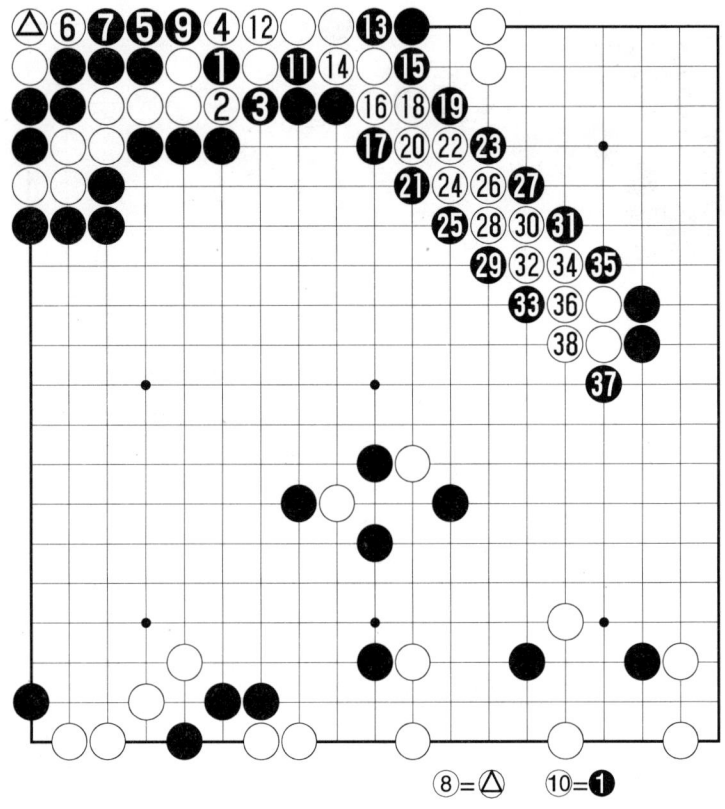

⑧=△　⑩=❶

2 图 正解续 I

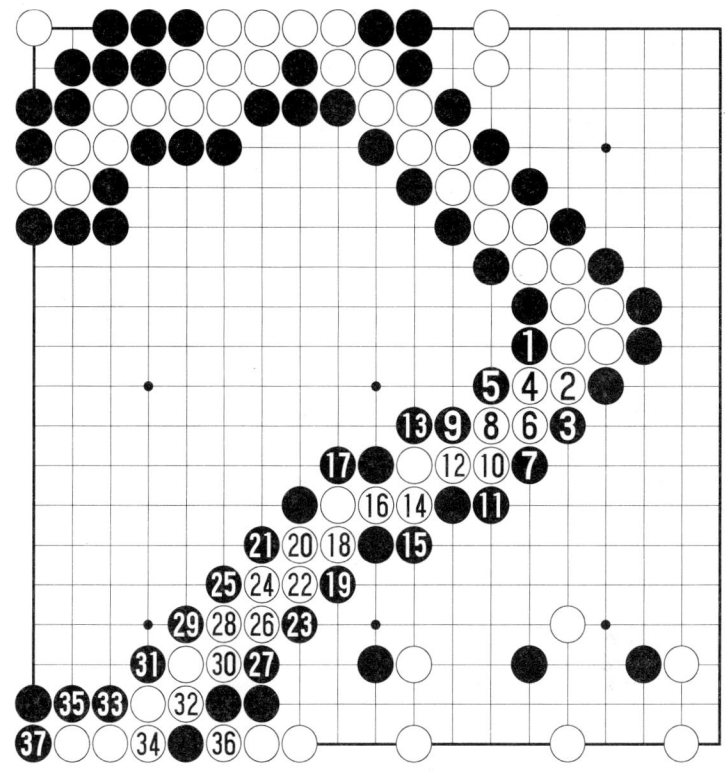

3图 正解续 Ⅱ

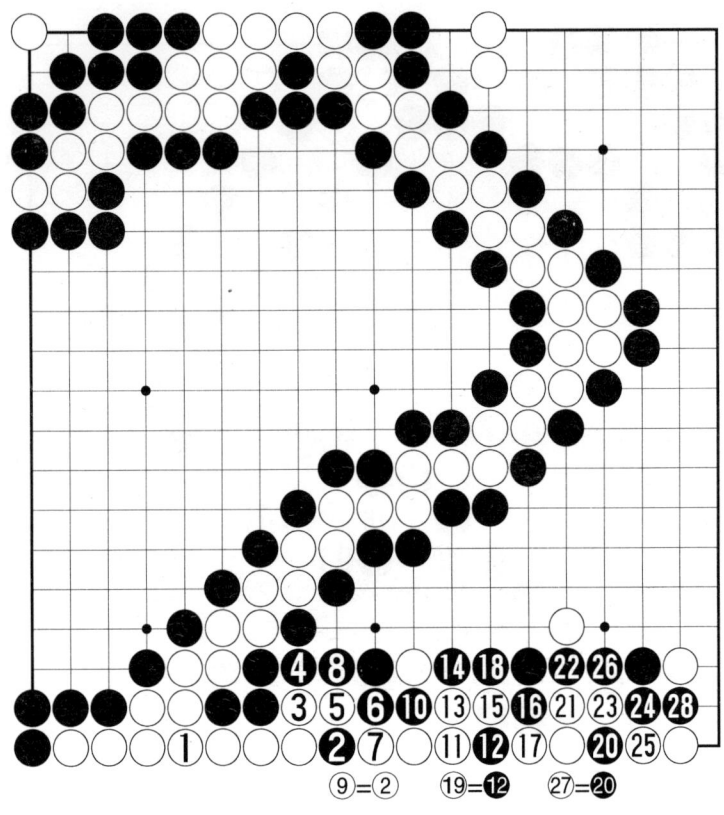

⑨=② ⑲=⑫ ㉗=⑳